Das
persönliche
Geburtstagsbuch

für

1. Mai

Das persönliche Geburtstagsbuch

1. Mai

Herausgegeben von Martin Weltenburger
nach einer Idee von Christian Zentner

Autoren und Redaktion:
Hademar Bankhofer, Dr. Reinhard Barth,
Friedemann Bedürftig, Lieselotte Breuer,
Mathias Forster, Hansjürgen Jendral,
Thomas Poppe, Günter Pössiger,
Vera Roserus, Sabine Weilandt

Bildbeschaffung:
Redaktionsbüro Christian Zentner

Mit (SZ) gekennzeichnete Beiträge:
Mit freundlicher Genehmigung der Süddeutschen Zeitung.
Sollten in diesem Band Beiträge von noch geschützten Autoren und
Übersetzern aufgenommen worden sein, deren Quellen nicht nach-
gewiesen sind, so bitten wir die Besitzer dieser Rechte, sich mit dem Verlag
in Verbindung zu setzen.

Satz: IBV Lichtsatz KG, Berlin
Druck und Bindung: May + Co Nachf., Darmstadt
Printed in Germany

Wilhelm Busch

EINLEITUNG

Der Weise, welcher sitzt und denkt
Und tief sich in sich selbst versenkt,
Um in der Seele Dämmerschein
Sich an der Wahrheit zu erfreun,
Der leert bedenklich seine Flasche,
Nimmt seine Dose aus der Tasche,
Nimmt eine Prise, macht hapschie!
Und spricht: »Mein Sohn, die Sach ist die!

Eh' man auf diese Welt gekommen
Und noch so still vorliebgenommen,
Da hat man noch bei nichts was bei;
Man schwebt herum, ist schuldenfrei,
Hat keine Uhr und keine Eile
Und äußerst selten Langeweile.
Allein man nimmt sich nicht in acht,
Und schlupp! ist man zur Welt gebracht.
Zuerst hast du es gut, mein Sohn,
Doch paß mal auf, man kommt dir schon …

Du wächst heran, du suchst das Weite,
Jedoch die Welt ist voller Leute,
Die dich ganz schrecklich überlisten
Und die, anstatt dir was zu schenken,
Wie du wohl möchtest, nicht dran denken.
Und wieder scheint dir unabweislich
Der Schmerzensruf: Das ist ja scheußlich!

Doch siehe da, im trauten Kreis
Sitzt Jüngling, Mann und Jubelgreis,
Und jeder hebt an seinen Mund
Ein Hohlgefäß, was meistens rund,
Um draus in ziemlich kurzer Zeit
Die drin enthaltne Flüssigkeit
Mit Lust und freudigem Bemühn
Zu saugen und herauszuziehn.
Weil jeder dies mit Eifer tut,
So sieht man wohl, es tut ihm gut …

Mein lieber Sohn, du tust mir leid,
Dir mangelt die Enthaltsamkeit.
Enthaltsamkeit ist das Vergnügen
An Sachen, welche wir nicht kriegen.
Drum lebe mäßig, denke klug.
Wer nichts gebraucht, der hat genug!«

So spricht der Weise, grau von Haar,
Ernst, würdig, sachgemäßig und klar,
Wie sich's gebührt in solchen Dingen;
Läßt sich ein Dutzend Austern bringen,
Ißt sie, entleert die zweite Flasche,
Hebt seine Dose aus der Tasche,
Nimmt eine Prise, macht hapschie!
Schmückt sich mit Hut und Paraplü,
Bewegt sich mit Bedacht nach Haus
Und ruht von seinem Denken aus.

INHALT

Prominente Geburtstagskinder

Geboren am 1. Mai

Rudolf I. von Habsburg (1218)

Sebastian le Prêtre de Vauban (1633)

Arthur Wellesley Wellington (1769)

Friedrich Hammacher (1824)

Johann Jakob Balmer (1825)

Eduard Lang (1841)

Santiago Ramon y Cajal (1852)

Pierre Teilhard de Chardin (1881)

Günter von Hünefeld (1892)

Giovanni Guareschi (1908)

Scott Carpenter (1925)

Wladimir Petrowitsch Kuz (1927)

Rudolf I. von Habsburg (1218)

Deutscher König
und Stammvater der Habsburger

Graf Rudolf von Habsburg, Sohn Albrechts IV. von Habsburg und dessen Ehefrau Hedwig von Kyburg, wurde am 1. Oktober 1273 in Frankfurt am Main von den Kurfürsten auf intensives Drängen von Papst Gregor X. hin zum deutschen König gewählt und wurde so zum Stammvater des Herrschergeschlechts der Habsburger, deren letzter Kaiser Karl I. im November 1918 zur Abdankung gezwungen wurde. Die Republik Österreich hob nach dem Ersten Weltkrieg mit dem Gesetz vom 3. April 1919 alle Herrscherrechte der Habsburg-Lothringer auf, verbot den Gebrauch des Erzherzogtitels und verwies alle Habsburger, die nicht auf ihre Vorrechte verzichten wollten, des Landes. Sozusagen Erbe der »Ansprüche« des Hauses Habsburg und von Karl I. ist heute dessen ältester Sohn Otto, der nach Abschaffung aller Adelsprädikate in Österreich jetzt schlicht Otto Habsburg heißt. 1918 endete also eine praktisch 1000jährige Geschichte der Habsburger, deren große Herrschaft mit jenem Grafen Rudolf begann, der am 1. Mai 1218 geboren wurde.

Die Habsburg, mittelhochdeutsch »Habech« (Habicht), ist eine Burg in der gleichnamigen Gemeinde im Schweizer Kanton Aargau, die heute etwa 200 Einwohner zählt. Die Habsburg selbst wurde etwa um 1020 von Bischof Werner von Straßburg erbaut. Der Bergfried ist heute noch erhalten, die Wohnbauten stammen aus späteren Zeiten. Das Herrschergeschlecht, das sich nach eben dieser Habsburg nannte, geht wahrscheinlich auf Guntram den Reichen zurück, der um 950 lebte. Es hatte schon früh ausgedehnten Besitz im Elsaß, am Oberrhein und zwischen den Flüssen Aare und Reuß. Guntrams Enkel Ratbod, im Jahr 1023 Graf im Klettgau, war der Bruder oder der Schwager jenes Bischofs von Straßburg, der die Habsburg errichten ließ. Die Habsburger verstanden bald ihr Geschäft, Besitz zu erweitern, immer reicher zu werden und ihren Einfluß zu mehren. Weil sie eine kluge Kaiserpolitik betrieben und immer brav zu ihrem Monarchen hielten, wurden die Habsburger schon in der ersten Hälfte des 13. Jahrhunderts zu einer der reichsten und einflußreichsten Familien in Südwestdeutschland. Sie besaßen unter anderem die Landgrafschaft im oberen Elsaß und die Grafschaft im Zürichgau und Aargau.

Rudolf trug zu dieser Entwicklung viel bei. Er verstand es, sein Land zu verwalten, gut zu wirtschaften, und nicht zuletzt dank dieser Erfolge und Eigenschaften wählten die Kurfürsten ihn, den sozusagen unbekannten Kandidaten, das »unbeschriebene Blatt« zum deutschen König. Rudolf war fünf Monate vor seiner Wahl 55 Jahre alt geworden. Er schien in seiner Person die Eigenschaften jener beiden Brüder zu vereinen, die der Sage nach die Stammväter der Habsburger waren. Die Habsburger hatten sich nämlich eine wunderbare Legende über ihre Abstammung zusammengebastelt. Dieser Sage zufolge sind sie Römer! Einst wurde ein Brüderpaar aus Rom verwiesen und ging nach Schwaben. Der Ältere baute mit dem väterlichen Geld viele Burgen, der jüngere legte sein Geld in einem großen Heer an. Als der Vater seine Flüchtlingssöhne besuchte, lobte er den Älteren, vom

Jüngeren aber, der sein Heer um die Habsburg herum versammelt hatte und diese Burg stolz zu seinem Schloß erklärte, war er entzückt und beschenkte ihn mit einem großen Schatz. Von diesem Brüderpaar sollen nun also die Habsburger abstammen und die Habsburg soll zu ihrem Stammsitz geworden sein. Eine schöne Legende, die römische Abstammung paßte natürlich ins königliche Bild, aber die Habsburger waren nun einmal schlichte elsässische Grafen, als deren erster dann Rudolf die Familie zu großem Ruhme und Besitz führte. Da kam bald viel an Land hinzu, der Besitz der Kyburger mütterlicherseits, das Land der aussterbenden Zähringer, viel Besitz aus Reichsbeständen vom Kaiser und sozusagen »herrenlos herumliegendes Eigentum« der Staufer. Der »habsburgische Gürtel« zog sich das Elsaß hinab über den Rhein zum Kaiserstuhl und den Breisgau wieder hinauf zum Frickgau, Thurgau, Aargau und Zürichgau.

Da reihten sich ungeheurer »Grundbesitz« und »Menschenbesitz« aneinander. Das war die Welt, deren »Herr« der 22jährige Rudolf wurde, als sein Vater 1240 beim Kreuzzug zu Tode kam. Schon ein Urahn von Rudolf war mit Kaiser Friedrich Barbarossa nach Italien gezogen, sein Großvater war ein enger Vertrauter von Kaiser Friedrich II., und sein Vater endete im Heiligen Land. Rudolf blieb in der Tradition, war kaisertreu und kümmerte sich um seinen Besitz. Kaiser Friedrich II. war sein Taufpate gewesen. In der Habsburg lebte er übrigens längst nicht mehr. Schon seine Eltern hatten das massige Schloß ihren Dienstleuten überlassen und waren in ein Stadthaus in Brugg im Aargau gezogen. Als König schätzte Rudolf dann die Städte ganz besonders, gründete Waldshut, erhob viele Dörfer zu Reichsstädten, liebte Straßburg, wohnte vier Jahre lang in Wien, machte Kolmar reich und förderte die Städte, wo es nur ging. Er wurde der erste deutsche »König der Städte«.

Rudolf sorgte für seinen Besitz, behauptete sich in vielen Kleinkriegen und machte sein kleines Reich zu einer vielbewunderten Geschlossenheit. Die Verwaltung hatte er von Kaiser Friedrich II. gelernt, er regierte sein Land mit damals nahezu unbekannter Straffheit. Es war in jener Zeit so etwas, das wir heute ein »Musterländle« nennen würden.

Etwa im Jahre 1250 heiratete Rudolf Gertrud von Hohenberg, die ihm in der überaus glücklichen Ehe neun Kinder gebar. 30 Jahre später heiratete der Witwer zum zweitenmal, diesmal die blutjunge Isabella von Burgund. Rudolfs Sohn Albrecht I. wurde 1298 zum deutschen König gewählt und 1308 ermordet, wonach dann für die Habsburger eine schlimme, kampfreiche Zeit begann, die erst mit dem Wiedergewinn der führenden Stellung 1438 endete. Kurz nach der Geburt seines Sohnes Albrecht 1255 begleitete Rudolf Konradin auf dessen Italienzug und mußte sich dann daheim mit dem Bischof von Basel herumschlagen, der ihm Teile seines Besitzes wegnehmen wollte. Kurz vor dem echten Kriegsausbruch, Rudolfs Truppen lagerten schon vor Basel, erschien der Burggraf Friedrich von Nürnberg in Rudolfs Zelt vor Basel und bot ihm im Namen der Kurfürsten die deutsche Reichskrone an. Rudolf nahm an und wurde vom mächtigen Grafen zum ohnmächtigen König.

Die Verhältnisse waren schwierig. Durch das Interregnum hatte es ja lange keinen König gegeben, die Fürsten kochten ihr eigenes Süppchen, und die Kurfürsten hielten nur so lange zu Rudolf, als er ihnen ihren Besitz, den sie dem Reiche abgenommen hatten, ließ. Ottokar II. von Böhmen, der Rudolf ablehnte und nicht mitgewählt hatte, wurde 1276 zur Raison gebracht und mußte Rudolf huldigen. Außerdem mußte er auf die von ihm besetzten Herzogtümer Österreich, Steiermark und Kärnten verzichten. Er lehnte sich nochmals auf und wurde von Rudolf 1278 bei Dürnkrut besiegt. Sein Sohn Wenzel II., der eine Tochter Rudolfs heiratete, bekam Böhmen-Mähren. Mit Österreich und der Steiermark belehnte Rudolf seine Söhne Albrecht und Rudolf und baute sich so eine noch stärkere Hausmacht auf. Kärnten bekam Graf Meinhard von Tirol, ein treuer Anhänger von Rudolf. Das in der königlosen Zeit entfremdete Reichsgut konnte Rudolf I. nicht in voller Stärke zurückgewinnen. Was er bekam, ließ er durch Landvögte verwalten. Tatkräftig sorgte er dafür, daß in seinem Reich der Friede bewahrt blieb. Außenpolitische Ziele, imperialistische Bestrebungen waren ihm völlig fremd. Ihm ging es wirklich nur um sein »deutsches Reich«. Die einzige Außenpolitik, die er betrieb, waren die Verhandlungen mit den verschiedenen Päpsten. Er wollte sich zum Kaiser krönen lassen, um seinen Söhnen die Thronfolge, die er anstrebte, zu erleichtern. Deshalb machte er viele Zugeständnisse an den Kirchenstaat, aber der Lohn blieb aus. Die Kaiserkrönung mißlang ebenso wie die gewünschte dauerhafte Sicherung der Westgrenze gegen Frankreich, Burgund und Savoyen, obwohl er 1289 einen siegreichen Feldzug nach Besançon machte.

Das Volk liebte wohl diesen König Rudolf. Er war ein

König Rudolf von Habsburg
ergreift bei seiner Krönung das Kruzifix
statt des fehlenden Zepters

tüchtiger Herrscher, leutselig, nüchtern, ohne Pomp und Glanz, und die Erinnerung an ihn lebte noch viele Jahre in zahllosen Anekdoten im Gedächtnis der Menschen fort. Die königlose Zeit, die viele Nöte gebracht hatte, konnte Rudolf überwinden, nicht aber den Widerstand der Kurfürsten, die sich vor allem gegen eine stetige Thronfolge seines Hauses auflehnten. Und er konnte nicht die Kaiserkrone erringen, die er wollte, weil nach geltendem Recht nur ein gekrönter Kaiser seinen Sohn zum König, also zum Nachfolger wählen lassen konnte. Ein König konnte das nicht, denn zwei Könige durfte es nicht geben. Aber die acht Päpste, die Rudolf während seiner Regierungszeit erlebte, spielten nicht mit, drei hätten es vielleicht getan, aber sie starben vorher.

Rudolf starb am 15. Juli 1291 im 74. Lebensjahr in Speyer, wohin er in einer Todesahnung geritten war, und wo er 18 Jahre zuvor seinen ersten Hoftag als König abgehalten hatte. Im Dom von Speyer ließ er sich auch begraben, inmitten der Kaiser und Könige aus den ehrwürdigen Familien der Salier und Staufer, gewissermaßen ein Emporkömmling. Nicht sein Sohn Albrecht wurde sein Nachfolger, sondern der unscheinbare Graf Adolf von Nassau. Albrecht mußte sich erst 1298 sein Reich und damit die weiterführende Macht des Hauses Habsburg erkämpfen. Als er in Germersheim den Tod kommen fühlte, sagte Rudolf: »Zu den anderen will ich hin, zu meinen Vorgängern, die auch Könige waren.« So ritt er aufrecht nach Speyer, um dort zu sterben.

Sozusagen innenpolitisch hat Rudolf Erstaunliches geleistet. Immer wieder erneuerte er den Landfrieden, beseitigte die Raubzölle und ließ die Burgen der Raubritter, die das Fehderecht als Vorwand benutzten, brechen. Auf dem Hoftag in Erfurt 1289 und 1290 wurde bekanntgemacht, daß 66 solcher Raubritterburgen zerstört worden seien und 29 »Räuber« bestraft. Seine Güter lieferten ihm zwar genügend zu essen, aber Kriege führen konnte er aus diesen Einnahmen nicht. So mußten die Städte zahlen, Jahressteuern, Sonderabgaben, eine Art von Vermögenssteuer. Die Fürsten gaben ja längst nichts mehr an den König ab. So wurde Rudolf volkstümlich und regierte und verwaltete das Reich wieder mit fester Hand. Das war sein Verdienst.

Rudolf war leutselig und zuverlässig, offen und hinterlistig zugleich. Er konnte sogar verschlagen sein. Einen jungen Ritter, dessen Burg er haben wollte, wiegte er durch Scheinfrieden in Sicherheit und ließ ihn dann aus dem Hinterhalt ermorden. Einen Verschwörer lud er zum Essen ein und ließ ihn danach unter einer Eisdecke ertränken. Er war groß und schlank, mit einem bartlosen Kopf und langem braunen Haar. Markant die Adlernase. Er war hart gegen sich selbst, kleidete sich ärmlich und siegte in der Schlacht von Dürnkrut in einer verrosteten Rüstung. Rudolf war fromm und mochte die barfüßigen Mönche. Wissenschaftlich gebildet war er nicht, aber gern hatte er Dichter um sich wie Heinrich Frauenlob von Meißen. Er rettete das Reich und »vergaß« auf Italien, weswegen ihn der Dichter Dante »dem Fegefeuer übergab«. Die Geschichte sieht Rudolf I. ganz anders, die deutsche Geschichte wohlgemerkt.

Sebastian le Prêtre de Vauban (1633)

Französischer Kriegstechniker

Geboren in St.-Leger-de-Foucher bei Avallon (Yonne), trat er in seinem 17. Lebensjahr in die spanische Armee ein, wurde 1653 gefangengenommen und als französi-

Vauban

scher Ingenieuroffizier angestellt. 1658 leitete er die Belagerungen von Gravelines, Ypern und Oudenaarde, und 1662 begann er den Bau der Befestigungen von Dünkirchen. 1667 eroberte er im Kriege gegen Holland mehrere Festungen und leitete nach dem Frieden von Aachen 1668 den Festungsbau von Tournai, Douai, Courtrai, wodurch der Anfang zu dem nördlichen französischen Festungsgürtel gelegt wurde. Nach dem Nimweger Frieden 1678 entstanden unter seiner Leitung viele Festungen wie Maubeuge, Saarlouis, Pfalzburg, Belfort, Hüningen, die Zitadelle von Straßburg, Lützelburg, Hagenau, Neubreisach u. a. 1669 wurde Vauban Generalinspektor sämtlicher französischer Festungen, 1703 Marschall, doch zog ihm eine Denkschrift während des Spanischen Erbfolgekriegs die Ungnade des Königs zu, und er wurde in den Ruhestand versetzt. In seiner 57jährigen Dienstzeit hat er an 53 Belagerungen und 140 Gefechten teilgenommen. Seine größte Bedeutung liegt in der systematischen Ausbildung des Belagerungskrieges, worin sich seine Einwir-

Unterschrift Vaubans

kung bis gegen Ende des 19. Jahrhunderts fühlbar macht. Modelle mehrerer von Vauban erbauter Festungen, 1814 im Artilleriemuseum zu Paris erbeutet, befinden sich im Zeughaus zu Berlin. Über Festungsbau und -krieg verfaßte er mehrere Schriften. († 13. 3. 1707)

Arthur Wellesley Wellington (1769)

Britischer General und Politiker

Arthur Wellesley Wellington, ein Sohn des Grafen von Mornington, war einer der bedeutendsten englischen Feldherren und Staatsmänner. Seine Karriere begann er als Offizier in Ostindien, wo sein Bruder Richard das Amt des Generalgouverneurs ausübte. Nach England zu-

Arthur Wellesley Wellington

rückgekehrt, befaßte er sich mit der Politik, wurde ins Unterhaus gewählt und zum Staatssekretär für Irland ernannt. In den Wirren der Napoleonischen Kriege erinnerte man sich seiner eigentlichen Befähigung und entsandte ihn mit einem Expeditionskorps nach Portugal. Als Oberbefehlshaber britischer, spanischer und portugiesischer Truppen gelang es ihm, Napoleons Generäle nach langwierigen und wechselvollen Kämpfen zu besiegen. Das britische Königshaus ernannte ihn in dankbarer Würdigung seiner großen Verdienste zum Herzog von

Wellington, und das Parlament bewilligte ihm eine Ehrengabe von 400000 Pfund Sterling. 1815 vertrat er auf dem Wiener Kongreß die Interessen Großbritanniens. In Wien erreichte Wellington die Nachricht von Napoleons Flucht von Elba. Der bewährte Feldherr vertauschte den Rock des Diplomaten mit der Uniform und zog an der Spitze einer vereinten Armee aus englischen, niederländischen und deutschen Soldaten gegen die schnell zusammengerafften Truppen des Korsen. Zusammen mit Blücher und Gneisenau schlug er die Franzosen am 15. Juni 1815 bei Waterloo, marschierte als Sieger in Paris ein und führte den Bourbonenkönig Ludwig XVIII. zurück auf den französischen Thron. Die folgenden Jahre sahen ihn wieder auf der großen Bühne der Politik. Er gehörte verschiedenen Kabinetten als Außenminister, Premierminister und Minister ohne Portefeuille an, war Botschafter, Kanzler der Universität von Oxford, Generalfeldzeugmeister, Oberbefehlshaber des britischen Heeres und Gouverneur des Tower. († 14. 9. 1852)

Friedrich Hammacher (1824)

Deutscher Bergbauförderer

Geboren in Essen, hatte sich Hammacher der Rechtswissenschaft zugewandt, war Dr. jur. und Rechtspraktikant, als er aus politischen Gründen die weitere Ausbildung für den Staatsdienst aufgeben mußte. Er kämpfte nun um so mehr für die Hebung des wirtschaftlichen Wohlstandes des Ruhr-Bergbaubezirkes und des gesamten deutschen Vaterlandes. Eine Möglichkeit hierzu sah er in der Schaffung eines Mittelpunktes für die allgemeinen wirtschaftlichen Aufgaben und in einem Zusammenschluß für einen gemeinsamen Absatz der Bergwerkserzeugnisse. Zu diesem Zweck erreichte er am 17. November 1858 die Gründung des Vereins für die bergbaulichen Interessen im Oberbergamtsbezirk Dortmund, dem sich sogleich 89 Gewerkschaften und Gesellschaften anschlossen. Sie wählten Hammacher einstimmig zum Vorsitzenden, welches Amt er fast ein Menschenalter hindurch verwaltete. Später wurde er von dem Verein durch Verleihung der Ehrenmitgliedschaft geehrt. Hammacher war außerdem ein hervorragendes Mitglied des preußischen Abgeordnetenhauses und des deutschen Reichstages, dessen Rat allseitig hochgeschätzt wurde. Besonders für die Entwicklung des Verkehrswesens und den Ausbau der sozialen Gesetzgebung trat er ein. Verschiedene rheinische Städte machten ihn zu ihrem Ehrenbürger, mehrere Straßen tragen seinen Namen, ebenso der Hammacher-Schacht der Gewerkschaft Neu-Staßfurt. († 11. 12. 1904)

Johann Jakob Balmer (1825)

Schweizer Naturforscher

Balmer stammte aus religiösen Kreisen und behielt diese Einstellung sein ganzes Leben. Ferner besaß er einen ausgesprochenen Sinn für geometrische Verhältnisse, Symmetrie und Perspektive und behandelte künstlerische und architektonische Aufgaben. Diese Paarung einer religiösen und künstlerisch-technischen Einstellung führte ihn dazu, die Natur als ein »harmonisches« Gebilde aufzufassen. Die Aufgabe eines Naturforschers sei es, die Harmonien des Weltalls zu ergründen.

Das Problem, um das es sich handelt, besteht in der Erfassung des Zusammenhanges der Spektrallinien eines Elementes. Alle Versuche, aus Analogie die akustischen Gesetze über die ganzzahlige Verbindung der Töne mit den Obertönen auf die optischen Frequenzen anzuwenden, hatten fehlgeschlagen. Das einfachste Spektrum liefert der Wasserstoff. Es besteht aus einer Reihe von Linien, die nach dem Violett immer näher zusammenrücken. Balmer ging daran, diese Harmonie durch Verbindung von ganzen Zahlen zu suchen, und es gelang ihm, die Schwingungszahlen sämtlicher damals bekannten Wasserstofflinien durch eine einfache Formel zu verbinden. Die Balmersche »Spektralserie« ist der Ausgangspunkt der modernen Spektroskopie geworden, denn wie schon Balmer vermutete, fand man auch bei anderen Elementen ähnliche Serien, ja selbst beim Wasserstoff hat man im Ultraroten und Ultravioletten Serien entdecken können, genau da, wo man sie nach Balmer erwarten mußte.

Die ungeheure Wichtigkeit dieser Entdeckung ist dann später durch Bohrs Atommodell klar geworden, indem die Balmerformel daraus eine theoretische Begründung erhielt. Balmer war sich der Bedeutung bewußt und erkannte, daß sich zwischen der Emission und den Atomgewichten Beziehungen ergeben müssen, eine Voraussage, die sich weitgehend erfüllte. († 1898)

Eduard Lang (1841)

Österreichischer Arzt

In Klacsan in Oberungarn geboren, studierte er an der Wiener Universität, an der er 1865 promovierte. Zuerst Choleraarzt, dann Fabrikarzt in Marienthal, trat er 1869 bei Billroth als Operationszögling ein und wurde im folgenden Jahre in Innsbruck Assistent Heines, der ihn auf das Gebiet der Dermatologie hinwies. 1871 erst für Chirurgie, dann für Dermatologie und Syphilis habilitiert, schuf er in Innsbruck eine Abteilung für diese Disziplin. 1886 Professor, wurde er 1887 als Primararzt an die II. Syphilisabteilung des Wiener Allgemeinen Krankenhauses berufen. Er starb am 10. Juli 1916 in Reichenau, Niederösterreich. Grundlegend sind seine Untersuchungen über die syphilitischen Erkrankungen des Zentralnervensystems bei beginnender Syphilis, über die Milz- und Lungensyphilis, über den Hautkrebs und seine Beziehungen zum Lupus, über Psoriasis etc. Die Therapie verdankt ihm die Einführung des Oleum cinereum, die Ausbildung der Operation und der plastischen Deckung in der Lupusbekämpfung. In jahrelangen Bemühungen gelang ihm auch die Schöpfung einer eigenen Lupusheilstätte. Publikationen: *Über Psoriasis, Vorlesungen über Pathologie und Therapie der venerischen Krankheiten, Ordinationsformeln aus der Syphilisabteilung, Lehrbuch der Hautkrankheiten, Lehrbuch der Geschlechtskrankheiten.*

Santiago Ramon y Cajal (1852)

Spanischer Nobelpreisträger für Medizin

Geboren in Petilla de Aragon, studierte er Medizin in Saragossa. Sein Vater war dort Professor der Anatomie. Er wurde zunächst Militärmediziner, als solcher ein Jahr auf Kuba. Dann lehrte er an der Universität Saragossa, leitete eine Zeitlang das Museum der Stadt, promovierte in Madrid und übernahm eine Professur als Anatom in Valencia. Dann wurde er Professor der Histologie und Pathologie in Barcelona und für das gleiche Fach 1892 in Madrid.

Er schrieb viele Werke über Themen der Histologie und der mikrografischen Technik, Pathologie, Anatomie der Nervenzentren, auch über die Retina der Wirbeltiere. Die Feinstruktur des Nervensystems war sein Hauptthema, insbesondere seiner Teile im Gehirn und im Mark, aber er arbeitete auch über Muskeln und andere Gewebe. Die Arbeiten über die Struktur der Hirnrinde sind von 1900 bis 1903 zum großen Teil auch auf deutsch erschienen. Wie viele andere Laureaten war er Mitglied oder Ehrenmitglied sehr zahlreicher Gesellschaften des In- und Auslandes.

Der schwedische Sprecher, Professor Mörner, wies in seiner Ansprache anläßlich der Verleihung des Nobelpreises für Medizin an Ramon y Cajal und C. Golgi »als Anerkennung ihrer Arbeiten über den Bau des Nervensystems« 1906 darauf hin, wieviel einfacher die peripheren Nerven (die »Zubringer«, vergleichbar den Telegrafendrähten) konstruiert sind als das zentrale Nervensystem im Gehirn und Rückenmark. Ramon y Cajal hat hier zahlreiche Vorgänge in der Feinstruktur aufgeklärt. Er entwickelte die von Golgi entdeckte Silberimprägnationsfärbung des Nervengewebes weiter zur Niederschlagsfärbung und entdeckte die Cajalschen Zellen im Großhirn, als multipolare Zellen mit langen Neuriten. Ähnlich seinem Mitlaureaten Golgi hielt auch er einen langen, durch zahlreiche Bilder belebten Nobelvortrag über Struktur und Verbindungen der Neuronen. Es ist dies eine klassische Studie zur neueren Gehirnforschung und ihrer Grundlegung, die übrigens mit einer Anknüpfung an mehrere deutsche Hirnanatomen beginnt, darunter Waldeyer und Koelliker. († 17. 10. 1934)

Pierre Teilhard de Chardin (1881)

*Französischer Paläontologe,
Anthropologe und Philosoph*

Bei Clermont-Ferrand geboren, wurde er 1899 Jesuit und unterrichtete ab 1922 als Professor am Institut Catholique in Paris. Zwischen 1923 und 1939 unternahm er Forschungsreisen nach Afrika, Indien und China, wo er an der Auswertung der Ausgrabung des Pekingmenschen beteiligt war. Hier blieb er bis nach dem Krieg. 1946 kehrte er nach Frankreich zurück und lebte ab 1951 bis zu seinem Tod in New York. Als systematische Zusammenfassung Teilhards Grundgedanken ist sein Buch *Der Mensch im Kosmos* (1955) zu nennen. Neben seinen wissenschaftlichen Werken entstanden aber auch zahlreiche Arbeiten geistlichen Inhalts. Teilhard de Chardins Anliegen war es, Ergebnisse der modernen Naturwissenschaften, insbesondere der materialistischen Evolutionstheorie seit Darwin, und die christliche Heilslehre in Einklang zu bringen mit dem Hauptargument, daß die Materie, um Geist hervorbringen zu können, als Urmaterie bereits beseelt gewesen sein müsse. Der Mensch als Träger der Evolution entwickle sich mit seiner Kultur auf den sogenannten Punkt Omega hin, der das Endziel des menschlichen Seins verkörpere. († 10. 4. 1955)

Günter von Hünefeld (1892)

Deutscher Schriftsteller

Geboren in Königsberg, führte er zusammen mit Kohl und Fitzmaurice auf einer Junkersmaschine den ersten Flug über den Atlantischen Ozean durch. Hünefeld entstammte einer preußischen Offiziersfamilie, hatte selbst aber nur Neigung zu literarischen Problemen, vor allem wenn diese mit dem Theater zusammenhingen. Seine Mutter kam aus jüdischen Kreisen. Im Weltkrieg schwerverwundet, widmete er sich einer konsularischen Tätigkeit und trat nach dem Krieg beim Norddeutschen Lloyd ein. Aber schwere Krankheit zwang ihn immer wieder danieder. Eine ganze Reihe poetischer Werke erscheint. Vor allem aber stellt er seine gefesselten Kräfte jetzt fast ganz der Politik zur Verfügung. Aus seinen politischen Überlegungen kommt er nun auch zur Idee des Ozeanfluges, die für ihn ein nationales, aber auch ein weltpolitisches Problem darstellt. Charakteristisch ist für ihn das Wort, das er in der Metropolitan-Oper sagt: »Es ist der sportliche Geist, der die Welt beherrscht, der Geist der

Humanität, der Geist des Völkerfriedens und der Völkerversöhnung.« Er unternahm noch den berühmten Ostasienflug. Am 5. Februar 1929 erlag er einer tückischen Krankheit.

Giovanni Guareschi (1908)
Italienischer Schriftsteller

Längst schwelte und züngelte der Kalte Krieg zwischen Ost und West, da erschien – 1948 – Guareschis erster Roman über die politische Haßliebe des Landpfarrers Don Camillo und des kommunistischen Funktionärs Peppone. Der spitzbübisch-versöhnliche Kleinkrieg der beiden gegeneinander fand die begeisterte Zustimmung von Millionen Lesern und – ab 1952 – von noch mehr Millionen Kinogängern: Ja, wenn's in der Weltpolitik so wäre... Es war nicht so. Die bärbeißige Idylle zwischen Rot und Schwarz blieb ein verträumtes, wunderschönes Märchen.

Nach 30 Jahren christdemokratischer Herrschaft übernahm am 10. August 1967 der kommunistische Kunstprofessor Giulio Carlo Argan (67) das Bürgermeisteramt zu Rom. Inzwischen sitzt er am Eichenschreibtisch in seiner mit Seidendamast ausgespannten Kanzlei auf dem Kapitol und bedankt sich handschriftlich auf gehämmertem Büttenpapier für die zahlreichen Glückwünsche, darunter die besonders herzlichen von Papst Paul VI. Zu Boscaccio aber, am Po, der italienischen Wolga, enthüllten in der dortigen Dorfkirche der Landpfarrer Don Camillo und der KPI-Sekretär Peppone die gelungene Statue des

Giovanni Guareschi, jenes schnauzbärtigen Zeitungsschreibers, der sich um sein Vaterland so verdient gemacht hat. Christus, ans zentnerschwere Kreuz genagelt, lächelte dazu freundlichst hernieder und wisperte: »Viva Italia!«

Wahrhaftig, er war ein ehrenwerter Mann, der Giovanni Guareschi. Heiligabend 1946 kam er ein bißchen in die Bredouille. Er redigierte damals das Wochenblättchen *Candido* und schrieb noch nebenher für *Oggi,* im gleichen Verlag, Märchenerzählungen; politisch-sozial-christlich angehauchte Geschichtchen aus der sogenannten kleinen Welt.

Als notorischer Faulenzer, wie so viele Journalisten, mußte Guareschi an jenem Abend wieder einmal mauscheln, diesmal sein Geschichtchen aus dem *Oggi* herausnehmen und es rechtzeitig zum Abdruck in den *Candido* schustern. So also erschien das Geschreibsel *Die Beichte* im *Candido.* Und das am Heiligabend. Damit war's passiert.

Vierundzwanzig Leserbriefe forderten nach den Feiertagen energisch von der Redaktion weiteres Geschreibe über diesen ulkigen Landpfarrer Don Camillo und den örtlichen, ziemlich bestußten KPI-Sekretär Peppone.

Giovanni Guareschi schrieb die Märchenerzählungen; warum auch nicht? Bis 1953 tippte er 200 Stück davon. In einer steht zum Beispiel:

Don Camillo breitete die Arme aus: »Jesus, diese Unglücklichen verwenden das Öl ihrer Lampen, um ihre Maschinenpistolen und schmutzigen Maschinen zu ölen!« Christus am Kreuz lächelte. »Im himmlischen Reich fließt das Öl in Strömen, Don Camillo.«

Italien erlebte einen Don-Camillo-und-Peppone-Run wie einst die USA mit der Mickymaus. Das Image italienischer Landpfarrer und orthographisch gehemmter KPI-Sekretäre steigerte sich bis zur Madonnenherrlichkeit. Die Garibaldi-Hymne und »Maria, breit' den Mantel aus« wurden schnell zum feierlichen Choral dörflicher Feste. Prozessionen der Himmelskönigin, vom roten Tuch umflattert, verkündeten alsbald den Willen des einfachen Volkes, es dem Don Camillo und dem Peppone gleich zu tun; nämlich sich miteinander zu vertragen, möglichst die verfahrene Karre gemeinsam aus dem Dreck zu ziehen.

Guareschi dachte sich auch diese Szene aus:

Don Camillo nahm das riesige Kruzifix aus dem Lederköcher und hob es über seinen Kopf wie eine Keule.

»Jesus«, sagte Don Camillo, »halte dich fest, weil ich zuschlage!«

Es war aber nicht nötig, weil die Leute plötzlich die Lage verstanden und zu den Gehsteigen rückten, so daß sich in der Menge wie durch ein Wunder eine Straße öffnete. Mitten in der Straße blieb nur Peppone, die Hände in den Hüften, die Beine weit gespreizt. Don Camillo steckte das Kruzifix wieder in den Riemen und ging schnurgerade auf Peppone los.

Und Peppone wich aus.

»Nicht Ihretwegen, Seinetwegen rühre ich mich von diesem Fleck«, sagte Peppone, auf das Kruzifix zeigend.

»Nimm den Hut vom Hohlkopf ab«, antwortete Don Camillo, ohne ihn eines Blickes zu würdigen.

Peppone nahm den Hut ab, und Don Camillo ging feierlich durch Peppones Leute. Jawoll Leute! So gehört sich das. Schließlich war Christus auch Sozialist. Don Camillo und Peppone trafen Ende der vierziger, Anfang der fünfziger Jahre auf die uneingeschränkte Versöhnungsbereitschaft der kleinen Leute. Es war ein literarischer Schrotschuß gegen den Kalten Krieg. Mit drei Millionen Exemplaren brachen der großschnauzige Landpfarrer aus der Bassa und der bescheuerte KPI-Sekretär in 27 Ländern ein. (Rowohlt Taschenbuch bis 1976 April: 330. Tausend.) Der Fortsetzung, *Don Camillo und seine Herde,* erging es nicht schlechter. Fernandel, Frankreichs Filmkomiker, strampelte sich als Don Camillo zu Weltruhm. Ende 1951, als der Po die Dämme zerstörte und die Felder überschwemmte, bekam Giovanni Guareschi von ausländischen Lesern lastwagenweise Pakete mit Decken und Kleidern für Don Camillo und Peppones Leute. »Das rührte mich ungemein«, meinte der Geschichtenschreiber. »Und ich bildete mir ein, nicht irgendein Idiot zu sein, sondern ein wichtiger.«

Politische Märchenerzählungen, häppchenweise serviert: Laßt uns gegenseitig anschreien, in die Zähne hauen, aber um Himmels willen hinterher wieder vertragen. Da wird geballert, gelogen, gestohlen, gewildert, gerauft. Nur gebumst wird nicht. Gesoffen, gejubelt, geweint, gestorben. Klerikale Bolschewiken, antiklerikale Reaktionäre, zahnlose Partisanen – nach dem Motto: Pack schlägt sich, Pack verträgt sich. Und Christus, ans Kreuz genagelt, muß den Dramaturgen spielen. Ein genialer Einfall des Giovanni Guareschi. Sein Christus hätte gut und gerne auch die deutschen Ostverträge aushandeln können, wäre längst von der SED mit dem Goldenen Stern der Völkerfreundschaft geehrt worden.

Mit Rom wurde – nach Bologna, Mailand, Genua, Venedig, Neapel, Florenz, Turin – die 39te italienische Kommune rot. Selbstverständlich nicht wegen Don Camillo und Peppone. Immerhin aber – sie gaben eine »Anleitung zum Handeln«. Durchaus berechtigt. 600 000 Römer müssen immer noch in primitivsten Barackensiedlungen hausen, kaum Strom, ohne Straßen, Kanalisation. Und anderswo sieht es noch schlimmer aus.

Der böse Witz von damals, den Guareschi nie geschrieben hat, ist aktuell wie nie zuvor: Als der Christus am Kreuz den Papst auffordert, ihm den Nagel aus den Füßen zu ziehen, wundert sich der Papst: »Wozu, Herr?« Christus: »Damit ich dir in den Hintern treten kann!«

Als Giovanni Guareschi, am 1. Mai 1908 in Fantanelle di Rocca Bianca/Parma geboren, am 22. Juli 1968 in Cervia starb, war er trotz Reichtum der anspruchslose Zeitungsschreiber geblieben, so wie er sich einst mühsam durch den *Oggi* und den *Candido* gerettet hatte. Er hat nie kapiert, was er mit seinen politischen Märchenerzählungen alles umkrempeln würde. Ihm blieb die Naivität des Schreibens erhalten; das Volk schaute ihm aufs Maul.

Und es gefiel dem Volke.

Welch ein Meister!

Scott Carpenter (1925)

Amerikanischer Astro- und Aquanaut

Selten ist ein Mensch Pionier gleich zweier so grundverschiedener Sphären dieser Welt geworden wie Scott Carpenter. Als perfekter Testpilot, Marineflieger des Koreakriegs, Luftnachrichtenoffizier auf Flugzeugträgern wurde er 1959 ausgewählt, um bei eventuellen amerikanischen bemannten Raumflügen eingesetzt zu werden. Bei der dreijährigen Ausbildung, die dann folgte, mußte er alle seine Fähigkeiten und seine exzellente körperliche Verfassung in die Waagschale werfen, bis er in die engere Wahl gezogen wurde. Der 24. Mai 1962 war dann sein großer Tag: Als zweiter Amerikaner nach John Glenn stieg er mit einer Atlas-Rakete zu einer dreimaligen Umrundung des Erdballs auf, die er erfolgreich nach vier Stunden beendete. Die zu hohe Temperatur in der Kapsel, das Abkommen vom vorausberechneten Zielort um 300 Kilometer, die 40 Minuten ohne Funkverbindung, all das tat der euphorischen Stimmung bei der Landung im Pazifik keinen Abbruch.

Anfang 1965 trat Carpenter dann zur Erkundung ganz anderer Gefilde an: Das amerikanische Atom-U-Boot »Thresher« war mit Mann und Maus nicht mehr von einer Tauchfahrt zurückgekehrt. Eine der Folgen dieses Unglücks war die Intensivierung der Tiefseeforschung der amerikanischen Marine, und Scott Carpenter meldete sich zur Stelle, um bei dieser Unternehmung seinen Teil beizutragen.

Er wurde innerhalb kurzer Zeit zum Kommandanten von »Seelab II« ernannt, einer Unterwasser-Forschungsstation, in der er manchmal bis zu 30 Tagen unter Wasser arbeitete.

Die praktische Bedeutung dieser Tiefseeversuche, die unter härtesten Bedingungen durchgeführt wurden, liegt beim späteren Einsatz bei Notfällen, bei Reparaturen oder bei der Bergung gesunkener Schiffe, beim möglichen Abbau von unterseeischen Bodenschätzen und beim kommerziellen Fischfang und der Algenzucht. Sogar Delphine wurden bei den Versuchen erfolgreich als »Arbeitstiere« eingesetzt. Nach seinem Ausscheiden 1969 gründete Carpenter eine Ozeanographie-Firma und arbeitet als Berater verschiedener auf Tiefsee-Probleme spezialisierter Firmen. Er lebt heute in Texas.

Wladimir Petrowitsch Kuz (1927)

Russischer Langstreckenläufer

Der Sohn eines Zuckerfabrik-Heizers aus der Ukraine, klein (1,72 m), ein Muskelpaket, Matrose, später Kapitänleutnant der sowjetischen Marine, das war der blonde Wladimir Kuz, der dem legendären Emil Zatopek die erste Niederlage bei Europameisterschaften beibrachte. 1954 war der tapfere Läufer, der stets mit einem mächtigen Anfangstempo seine Gegner schockte, der große Gegner von Zatopek. In einem tollen Alleingang, bei größter Hitze, wurde er in Bern 5000-m-Europameister mit neuem Weltrekord. Noch viermal verbesserte er den Weltrekord über 5000 m, zuletzt in Rom auf 13:35,0 (1957), ein Weltrekord, der acht Jahre Bestand hatte. Der größte Erfolg von Kuz waren die beiden Olympiasiege 1956 in Melbourne über 5000 m und 10000 m. Kurz zuvor brachte er auch den 10000-m-Weltrekord mit 28:30,4 Minuten in seinen Besitz. In Melbourne zermürbte er mit seinen typischen Zwischenspurts den britischen Favoriten Gordon Pirie. Ein Magenleiden beendete seine Karriere, und Kuz starb am 17. 8. 1975 im Alter von nur 48 Jahren an Herzversagen.

Es geschah am 1. Mai

Ereignisse, die Geschichte machten

926 Plünderung des Klosters St. Gallen

1786 Uraufführung von Mozarts Oper
»Die Hochzeit des Figaro«

1899 Uraufführung von Paul Linckes und
Heinrich Bolten-Baeckers' Operette
»Frau Luna«

1916 Karl Liebknecht bei Friedensdemonstration
verhaftet

1946 Aufruf der wiedererstandenen
Gewerkschaften

1969 Maikundgebungen
für soziale Reformen

1976 Erster Diskuswurf über die
70-Meter-Marke

Rekorde des Tages

926

Entsetzliches Gebrüll

Plünderung des Klosters Sankt Gallen

Der erste deutsche König, Heinrich I. (919–936), sah sein Reich vor allem im Südwesten bedroht, wo die Ungarn ungezügelt Beutezüge unternahmen und am 1. Mai 926 gar bis tief ins Schweizerische vordrangen und das Kloster Sankt Gallen plünderten. Die Brüder aber waren geflohen und hatten sich einer Streitmacht angeschlossen, der es wenig später gelang, die Ungarn zu einem Waffenstillstand zu zwingen. Wie die Pußtasöhne im Kloster hausten, schildert lebensvoll ein zeitgenössischer Bericht:

Als die Ungarn von der Not des Reiches erfahren hatten, fielen sie verheerend in das Land Norikum ein und verwüsteten es. Sie belagerten lange Augsburg, wurden aber durch die Gebete des Bischofs Udalrich... zurückgeschlagen und drangen, ohne auf Widerstand zu stoßen, in ganzen Scharen in Alamannien ein. Aber Engelbert, der Abt von Sankt Gallen, bewies hier tapfer, wie stark er alle Not ertrug. Denn angesichts der Gefahr befahl er... den Kräftigeren der Mönche, zu den Waffen zu greifen... er selbst, ein Riese des Herrn, legte unter Kutte und Stola den Panzer an... »Wir wollen Gott bitten, meine Brüder, dem Teufel, den wir bisher voll Gottvertrauen im Geiste bekämpft haben, mit der Kraft unserer Arme zu zeigen, wie stark wir sind!« Nun wurden Wurfspeere hergestellt, aus dicken Leinenstoffen Panzer angefertigt, Schleudern wurden geflochten, Schilde aus dicken Brettern und Weidenkörben gemacht und Keulen

36

und Knüppel, vorn zugespitzt, wurden im Feuer gehärtet. Einige der Brüder und auch vom Gesinde wollten, weil sie den Gerüchten keinen Glauben schenkten, nicht entfliehen... Damals hatten wir einen besonders einfältigen und dummen Bruder unter uns, über dessen Aussprüche und Streiche viel gelacht wurde, er hieß Heribald. Als nun die Brüder zuerst zur Festung abrückten, redeten ihm einige voller Angst zu, er solle doch auch fliehen. Er aber erwiderte: »Wer mag, kann ja ausreißen, aber mir hat der Kämmerer dies Jahr kein Leder für Schuhe gegeben, und deshalb gehe ich nirgends hin.« Die Brüder wollten ihn im letzten Augenblicke zwingen mitzufliehen, aber er wehrte sich mit aller Gewalt und schrie, er werde nicht weggehen, wenn er nicht vorher sein Leder vom vorigen Jahre bekäme. Und wirklich erwartete er ohne Angst die einbrechenden Ungarn. Endlich, als die entsetzliche Nachricht kam, daß der Feind in jedem Augenblick da sein könne, flohen die Brüder mit einigen anderen bisher noch Ungläubigen; Heribald aber blieb bei seiner Absicht und schlenderte arglos umher.

Da brachen die Ungarn köcherklirrend ein, starrend von drohenden Spießen und Pfeilen. Sie durchwühlten jeden Winkel, und sicher kannten sie kein Erbarmen oder Rücksicht auf Alter und Geschlecht. Aber sie stöberten nur Heribald auf, der sich ganz ruhig mitten unter ihnen benahm. Die Häuptlinge, höchst verwundert, was er treibe und warum er nicht geflohen sei, hinderten zunächst ihre Mordgesellen daran, ihn zu erschlagen, und ließen ihn durch Dolmetscher ausfragen. Da merkten sie, daß sie es mit einem wahren Narren zu tun hatten, lachten aus vollem Halse und taten ihm nichts Böses an.

Den steinernen Altar des heiligen Gallus berührten sie nicht, denn sie hatten sich früher oft täuschen lassen und dann innen nichts als Knochen und Asche gefunden. Aber sie fragten ihren Narren, wo der Schatz des Klosters versteckt sei. Der zeigte ihnen ganz vergnügt das versteckte Türchen zur Schatzkammer. Das schlugen sie ein, fanden aber dort nichts mehr als Standleuchter und vergoldete Lichtkronen, die in der Eile der Flucht zurückgelassen waren, und wütend boten sie ihrem Führer Ohrfeigen an.

Zwei Ungarn kletterten auf den Kirchturm. Sie bildeten sich ein, der Hahn auf der Spitze sei aus Gold, weil der Ortsgott unbedingt aus Edelmetall gegossen sein müßte. Der eine von ihnen, ein kräftiger Mann, wollte den Hahn mit der Lanze losreißen und beugte sich weit vor: Da stürzte er hoch herab in den Vorhof und blieb tot liegen. Inzwischen war der andere auf den östlichen Turmgiebel geklettert. Er wollte den Gott des Heiligtums verhöhnen und machte sich bereit, seinen Leib zu entleeren. Da stürzte er rücklings ab und wurde völlig zerschmettert. Heribald hat später erzählt, daß sie diese beiden zwischen den Türpfosten verbrannten, und der flammenspeiende Scheiterhaufen steckte die Oberschwelle und das Deckengetäfel an, und mehrere Ungarn feuerten mit Stangen den Brand um die Wette an. Aber sie konnten doch nicht den Tempel des Gallus... in Brand stecken.

Die Brüder hatten im Keller noch zwei bis zu den Zapfen volle Weinfässer, die zurückgelassen worden waren, weil niemand im letzten Augenblick mehr gewagt hatte, die Rinder anzuspannen oder zu treiben. An denen vergriff sich keiner der Feinde, ein merkwürdiges Glück für das Kloster, wohl weil die Ungarn auf ihren Beutewagen übergenug Wein mitschleppten. Einer von ihnen hob allerdings schon die Axt, um eines der Faßbänder zu durchhauen, aber da sagte Heribald, der mit ihnen schon ganz plumpvertraulich umging: »Halt, mein Freund! Was sollen wir denn trinken, wenn ihr wieder weg seid?« Als der Ungar durch den Dolmetscher das hörte, mußte er laut lachen, und er bat seine Genossen, die Fässer ihres Hanswurstes nicht zu zerschlagen. So kam es, daß der Abt sie noch heil fand, als die Ungarn das Kloster geräumt hatten. Die Ungarn schickten eifrig Spähtrupps aus, welche die Wälder und alle Verstecke genau absuchten, und sie verhielten sich abwartend, ob eine wichtige Meldung käme.

Als sie der Wiborad, einer beim Kloster lebenden Klausnerin, den Märtyrertod bereitet hatten, verstreuten sich die Ungarn über den Vorhof und die Wiesen, um im Übermaß zu essen... Die Häuptlinge suchten sich mitten im Kloster einen ebenen Platz aus und schwelgten in der Überfülle. Bei ihnen saß auch Heribald und fraß mehr als je zuvor in seinem Leben, wie er selbst nachher erzählte. Wie es die Ungarn gewohnt waren, lagerten sie sich ohne Stuhl einfach beim Essen in das grüne Heu, für sich selbst jedoch und einen Priester, den die Ungarn als Beutestück mitschleiften, holte Heribald Schemel herbei. Die Ungarn zerrissen die Schulterstücke und die anderen Teile des geschlachteten Viehs ohne Messer noch halbroh mit den Zähnen und schlangen es nur so hinunter, und die abgenagten Knochen warfen sie sich gegenseitig zum Scherz an den Kopf. Mitten zwischen ihnen standen ganze Kufen

Weines, und jeder schöpfte sich daraus ohne Unterschied, soviel er nur wollte. Als nun der ungemischte Wein sie erhitzt hatte, erhoben sie ein entsetzliches Gebrüll zu ihren Göttern. Sie zwangen auch den gefangenen Priester und ihren Narren mitzuschreien, und der Priester, der ihrer Sprache mächtig war – deshalb hatten sie ihn auch am Leben gelassen – heulte so laut wie sie. Als er in ihrer Sprache nun hinlänglich getobt hatte, stimmte er weinend die Antiphon »Sanctifica nos« an, denn am nächsten Tag wurde das Fest der Kreuzauffindung gefeiert. Auch Heribald, obwohl er rauh in der Kehle war, sang mit. Der ungewohnte Gesang der Gefangenen lockte alle Ungarn herbei, und sie begannen ausgelassen zu tanzen und vor ihren Häuptlingen Ringkämpfe aufzuführen. Andere holten ihre Waffen herbei und zeigten, wie vorzüglich sie mit ihnen umzugehen verstanden. Bei solch allgemeiner guter Laune hielt der Priester den Augenblick für günstig, um seine Freilassung zu erbitten. Er flehte die Hilfe des heiligen Kreuzes an und warf sich weinend den Häuptlingen zu Füßen. Die aber gaben pfeifend und widerwärtig grunzend ihren Leuten einen Befehl, und die rannten rasend herbei, und schneller als ein Wort packten sie den Priester, zogen ihre Messer und spielten um seinen geschorenen Kopf das grausame Spiel, das die Deutschen »das Picken« nennen, ehe sie ihm den Kopf abschlagen wollten.

Auf einmal aber, unter solchen Vorbereitungen, gaben die Vorposten in dem Walde der Festung gegenüber durch Hornsignale und laute Rufe Alarm. Sie meldeten, daß in unmittelbarer Nähe eine stark von Bewaffneten besetzte Festung liege. Da ließen die Ungarn Heribald und den Priester allein im Kloster, schlüpften schleunigst einzeln aus dem Tore und standen, an so etwas gewöhnt, unglaublich schnell kampfbereit aufmarschiert. Dann aber erfuhren sie, daß die Festung infolge ihrer natürlichen Beschaffenheit nicht belagert werden könne... und daß die Verteidiger, wenn sie nur Männer seien, solange sie nur Lebensmittel hätten, ihrer ganzen Masse nicht zu weichen brauchten. Da ließen sie endlich von dem Kloster ab, weil sein Gott Gallus Gewalt über das Feuer habe, und bei sinkender Nacht zündeten sie einige Dorfhütten an, um besser sehen zu können. Dann kam durch Hornsignale und Rufe der Befehl, völliges Schweigen zu beobachten, und auf der Straße nach Konstanz rückten sie ab.

1786

Die Hochzeit des Figaro
Österreichische Oper

Die Vorlage von Beaumarchais lieferte den Stoff zur Oper, deren Musik von Mozart nach dem Libretto von Lorenzo da Ponte komponiert wurde. Die Handlung spielt im Grafenschloß Agaos-Frescas in der Nähe von Sevilla am Ende des 18. Jahrhunderts. Am 1. Mai 1786 fand die Uraufführung in Wien statt. Reclams Opernführer beschreibt die Handlung und charakterisiert die Musik.

Handlung

1. Akt. In einem noch nicht völlig möblierten Zimmer des gräflichen Schlosses probiert Susanna vor dem Spiegel ihren Brautkranz, Figaro ist mit dem Ausmessen des

Raumes beschäftigt. Gesprächsweise erfährt Figaro von seiner Braut, weshalb man ihnen gerade dieses Zimmer als künftige Wohnung zugewiesen habe. Seine bequeme Lage soll des Grafen Absichten auf Susanna begünstigen. Ein Klingelzeichen ruft diese in die Gemächer der Gräfin, aber Figaro ist entschlossen, die Pläne seines Gebieters zu durchkreuzen (Kavatine »Will der Herr Graf den Tanz mit mir wagen«). Nach Figaros Abgang erscheint Marcellina mit Bartolo, dessen Beistands sie sich versichern will. Figaro hat nämlich der Beschließerin eine Summe Geldes abgeborgt mit dem Versprechen, die Schuld entweder zurückzuzahlen oder Marcellina zu heiraten. Bartolo verspricht bereitwillig seine Hilfe, denn dadurch wird ihm Gelegenheit, an Figaro, der bei der Entführung seines einstigen Mündels Rosine, der heutigen Gräfin Almaviva, beteiligt war, Vergeltung zu üben (Arie »Süße Rache«). Susanna kehrt zurück und komplimentiert Marcellina unter ironischen, nicht minder spitz erwiderten Bemerkungen aus dem Zimmer (Duettino »Nur vorwärts, ich bitte, Sie Muster von Schönheit«). Jetzt schlüpft der Page Cherubino herein, um Susanna sein Leid zu klagen (Arie »Ich weiß nicht, wo ich bin, was ich tue«). Der Graf hat ihn gestern bei Barbarina, Susannas hübscher Base, erwischt und will ihn für diese Keckheit aus dem Schlosse jagen. Susanna soll ein gutes Wort für ihn einlegen. Da der Graf unvermutet eintritt, versteckt sich der Page hinter einem Sessel. Almaviva verspricht Susanna eine reiche Mitgift, falls sie ihm ein abendliches Stelldichein im Park gewähre. Als Basilios Stimme von draußen ertönt, versteckt sich Almaviva hinter dem Sessel, während Cherubino sich in diesen hineinkauert und von Susanna mit einem Kleide zugedeckt wird. Basilio, der bisher dem Grafen als Vermittler gedient hat, fährt fort, bei Susanna für seinen Herrn zu sprechen. Als diese ablehnt, ergeht sich Basilio in Anspielungen auf den Pagen, der nicht nur ihr, sondern auch der Gräfin den Hof mache. Wütend verläßt der Graf sein Versteck, erzählt den gestrigen Vorfall mit Barbarina und entdeckt während der plastischen Schilderung desselben abermals Cherubino (Terzett »Wie, was hör ich?«). Da der Page jedoch Zeuge der Unterhaltung mit Susanna war, muß Almaviva darauf bedacht sein, den Mitwisser mit Anstand loszuwerden. Er verleiht ihm eine Offiziersstelle in seinem Regiment mit dem Befehl sofortiger Abreise. Inzwischen ist Figaro mit jungen Bauern und Bäuerinnen gekommen. Man bereitet dem Grafen eine kleine Ovation dafür, daß er freiwillig auf das feudale *Ius primae noctis* verzichtet habe und Susanna und Figaro die ersten Früchte dieses Verzichtes ernten dürfen. Der Graf verlangt kurzen Aufschub, um das Fest möglichst glänzend zu gestalten; im stillen hofft er auf Marcellinas Einspruch. Als Almaviva gegangen, erteilt Figaro mit freundlicher Ironie Cherubino einige Ratschläge für seinen künftigen Beruf (Arie »Nun vergiß leises Flehn, süßes Kosen«).

2. Akt. In ihrem Gemache verleiht die Gräfin ihrem Schmerz über die erkaltende Liebe des Gatten leidvollen Ausdruck (Kavatine »Hör mein Flehn, o Gott der Liebe«). Susanna kommt und hinter ihr Figaro, der eine Intrige ausgeheckt hat, die allen zum Vorteil gereichen soll. Durch einen anonymen Brief hat er dem Grafen angedeutet, dieser müsse um die Treue seiner Gattin besorgt sein; denn durch Schürung der Eifersucht erwartet er ein Wiederaufflammen der alten Neigung. Sein zweiter Vorschlag geht dahin, Susanna solle zum Schein auf Almavivas Angebot eingehen, statt der Erwarteten aber Cherubino in Frauenkleidern im Garten erscheinen. Schon naht der Page, um von den Frauen sich als Mädchen verkleiden zu lassen; er benützt die Gelegenheit, der angebeteten Gräfin durch eine von ihm gedichtete Kanzonette (»Sagt, holde Frauen, die ihr sie kennt«) seine Verehrung zu bekennen. Plötzlich pocht es an der verriegelten Tür. Almaviva ist's, der Figaros Billet erhalten hat. Rasch wird Cherubino im Nebenzimmer versteckt, Susanna verbirgt sich im Alkoven. Die Gräfin öffnet und, argwöhnisch wegen der verschlossenen Tür, erscheint der Graf. Als im Kabinett nebenan ein Stuhl fällt, wächst sein Mißtrauen. Er befiehlt dem dort Versteckten sich zu zeigen, allein die Gräfin lehnt dies mit der Begründung ab, Susanna sei im Kabinette, um sich zum Feste umzukleiden (Terzett »Wohlan, wird's bald geschehen?«). Der Graf, entschlossen, Gewißheit zu erlangen, entfernt sich mit der Gräfin, nachdem er vorher alle Türen verschlossen, um Werkzeug für die Erbrechung des Zimmers zu beschaffen. In der Zwischenzeit holt die ihrem Versteck enteilte Susanna den Pagen aus dem Kabinette (Duettino »Geschwind die Tür geöffnet«), und Cherubino springt, weil kein anderer Ausweg möglich, aus dem Fenster in den Garten. Susanna aber schließt sich im Nebenzimmer ein. Das gräfliche Paar kehrt zurück, und in ihrer Bedrängnis gesteht die Gräfin Cherubinos Versteck. Wütend zieht Almaviva seinen Degen, den Frevler zu bestrafen (Terzettbeginn des Finales »Komm heraus, verwegner Knabe«). Als jedoch die Tür aufgeht, steht zu allgemeiner Verblüffung Susanna auf der Schwelle. Jetzt ist es am Grafen, jene Verzeihung zu erbitten, die er der Gattin vor einer Minute verweigert hatte. Figaro meldet, daß alles zur Hochzeit bereit sei. Als der Graf Näheres über das Billet erfahren will, spielt Figaro den Ahnungslosen. Antonio poltert herein, zeternd, daß vorhin jemand aus dem Fenster in den Garten gesprungen und in die Blumenbeete getreten sei. Rasch gefaßt, versetzt Figaro, das sei er gewesen. Mit Susanna habe er in diesem Zimmer geschäkert und sei durch des Grafen Kommen derart erschreckt worden, daß er diesen Rückzug gewählt habe. Neuer Verdacht keimt im Grafen auf, zumal Antonio Cherubino erkannt haben will und ein Schriftstück hervorzieht, das der Fliehende verloren hat. Almaviva läßt sich das Papier reichen und heischt von Figaro Bescheid. Die Gräfin, die ihrem Gatten heimlich über die Schulter gesehen, flüstert Susanna und diese dem damit auftrumpfenden Figaro zu, es handle sich um Cherubinos Offizierspatent, dem das Siegel gemangelt habe. Mit Bartolo und Basilio erscheint Marcellina, um auf Erfüllung von Figaros Eheversprechen zu dringen. Erfreut erklärt Almaviva, die Angelegenheit richterlichem Entscheid unterbreiten zu wollen. Tumultuarischer Streit beider Parteien beschließt den Akt.

3. Akt. Im Festsaal verkündet Susanna dem Grafen ihre Bereitschaft zum nächtlichen Stelldichein. Almaviva ist entzückt über solche Sinnesänderung (Duett »Solang hab ich geschmachtet«), hinter der sich freilich, ihm unbekannt, der Plan der Gräfin verbirgt, in Susannas Kleidern dem Gatten gegenüberzutreten. Als jedoch der

Graf ein rasch hingeworfenes Wort Figaros, ohne Advokaten sei der Prozeß schon gewonnen, auffängt, braust er in leidenschaftlicher Empörung auf (Arie »Ich soll ein Glück entbehren«). In der anschließenden Gerichtsszene wird Figaro durch Don Curzio zur Rückerstattung der Schuld und, weil dies unmöglich, zur Heirat mit Marcellina verurteilt. Figaro erklärt, diesen Schritt ohne Einwilligung seiner ihm unbekannten Eltern – er ist im Säuglingsalter von Räubern entführt worden – nicht wagen zu dürfen. Dabei stellt sich heraus, daß er der Sproß eines ehemaligen heimlichen Einverständnisses zwischen Marcellina und Bartolo ist (Sextett »Laß mein liebes Kind dich nennen«). Letzteren bleibt nichts anderes übrig, als den wiedergefundenen Sohn zu legitimieren, und man beschließt zur Befriedigung aller, ausgenommen des Grafen, die Doppelhochzeit. Nunmehr erscheint die Gräfin, gewillt, an einer neuen Intrige teilzunehmen, um des Gatten Liebe wiederzugewinnen (Arie »Nur zu flüchtig bist du entschwunden«). Sie diktiert Susanna ein Briefchen an den Grafen, worin als Ort des verabredeten Stelldicheins der Pinienhain des gräflichen Parkes ausgemacht wird (Duett »Wenn die sanften Abendwinde«). Huldigend erscheinen mit Barbarina die jungen Mädchen des Ortes; unter diesen befindet sich auch der in Frauenkleider gesteckte, noch immer nicht abgereiste Cherubino. Von Antonio wird dieser entlarvt, allein der Graf ist auch diesmal machtlos, weil sonst Barbarina aus der Schule plauderte. Schon naht der Festzug, und das gräfliche Paar schmückt Marcellina und Susanna mit dem Brautkranz. Während sie vor ihm niederkniet, steckt Susanna dem Grafen das Billet zu; dieser ritzt sich, was Figaro schadenfroh beobachtet, beim Öffnen an einer Nadel. Der Graf fordert alle zu festlichem Genießen auf.

4. Akt. Mit einer Laterne sucht Barbarina vergeblich nach jener Nadel, die sie im Auftrag des Grafen Susanna zurückbringen soll, dem Siegel des Pinienhaines (Kavatine »Unglücksel'ge kleine Nadel«). Marcellina und ihr Sohn kommen des Wegs, und jetzt erst erfährt Figaro von dem angeblichen Stelldichein der ihm soeben angetrauten Gattin mit dem Grafen. Außer sich vor Eifersucht bestellt er Bartolo und Basilio in den Garten, um sie Zeugen seiner Rache werden zu lassen, und vermeint, alle Männer vor den Verführungskünsten und dem Wankelmut der Weiber warnen zu müssen (Arie »Ach, öffnet eure Augen, blinde, betörte Männer«). Als die Bühne leer geworden, zeigen sich die Gräfin und Susanna in bereits vollzogenem Kleidertausch. Marcellina hat Susanna über Figaros Absichten ins Bild gesetzt. Aus seiner rasenden Eifersucht ermißt diese die Größe seiner Liebe und harrt sehnsuchtsvoll der endgültigen Vereinigung (Arie »Endlich naht sich die Stunde«). Als Cherubino im Anzuge ist, versteckt sich Susanna. In der Dunkelheit trifft der Page mit der Gräfin zusammen (Beginn des Finales). Dreist fordert er einen Kuß von der vermeintlichen Susanna, als der Graf dazwischentritt. Die Cherubino zugedachte Ohrfeige landet auf Figaros Wange, der neugierig aus seinem Versteck hervorgepirscht ist, während der Page Reißaus nimmt. Der Graf drängt die vermeintliche Susanna unter stürmischen Liebesbeteuerungen in einen Pavillon, wohin er nachfolgen will, sobald die Luft rein ist. Figaro nähert sich darauf der angeblichen Gräfin, die er an der schlecht verstellten Stimme als Susanna erkennt. Während sie weiter ihre Herrin spielt, schlägt er vor, Untreue mit Untreue zu vergelten, was sie schlagfertig quittiert. Damit ist der Friede zwischen den Neuvermählten wiederhergestellt; als aber der Graf auftaucht, setzen sie die Liebesszene fort. Almaviva schlägt Lärm, Figaros Freunde eilen herbei, strenges Strafgericht wird vom unerbittlichen Grafen angekündigt. Als letzte tritt die Gräfin aus dem Pavillon, schlägt den Schleier zurück und fragt, ob auch ihre Bitte ohne Wirkung bleiben werde. Beschämt stürzt Almaviva zu ihren Füßen, erfleht Verzeihung und erhält sie.

Musik.

Ohne auf den Inhalt der nachfolgenden Oper unmittelbar Bezug zu nehmen, stellt die in atemloser Allegrobewegung dahineilende Ouvertüre eine schlechthin ideale Einleitung eines musikalischen Lustspiels dar. Nicht Einzelheiten des Geschehens, der Gesamtgeist der Komödie wird darin beschworen. Die bis heute unverblaßt gebliebene Wirkung der *Hochzeit des Figaro* beruht nicht nur auf der Komik der Situationen, sondern in Mozarts Höhen und Tiefen der Menschennatur ausleuchtender Charakterdramatik. Dabei durchblutet die Tonsprache des deutschen Meisters die verstandeskühle Intrigenkomödie Beaumarchais' mit der Blutwärme der Empfindung. Jeder der handelnden Figuren, den Protagonisten sowohl als auch den Nebenpersonen, hat der Komponist sprechendstes musikalisches Charakterprofil verliehen, das in den Einzelgesängen wie in den Ensembles hervortritt. Die beiden großen Finale, die den zweiten und vierten Akt beschließen, sind auf weite Strecken *durchkompo-*

nierte Gebilde, Komödien in der Komödie, die künftige
Entwicklungen vorwegnehmen. Bewunderung weckt die
musik-dramaturgische Ausgewogenheit zwischen Solo-
nummer und Ensemble, die mit jeweils 14 Stücken ver-
treten sind. Nur im 4. Akt, wo sich die Arien häufen, ge-
rät diese Symmetrie etwas ins Wanken. Bedeutsam ist
der Anteil, den das Orchester am dramatischen und seelischen Geschehen auf der Bühne nimmt. So paart sich in
der *Hochzeit des Figaro* die Schönheit der melodischen
Linie mit absoluter psychologischer Wahrheit. Es ist
keine Übertreibung, wenn man behauptet, das Genie
Mozarts habe in dieser Oper ein geistvolles Stück des
*Zeit*theaters in die höhere Sphäre des *Welt*theaters erhoben. Die *Hochzeit des Figaro* bietet nicht nur ein voll-
kommenes Bild des Rokoko, das Werk zeigt zugleich im
glitzernden Spiegel der Mozartschen Musik, was über-
zeitlich und allgemein menschlich an dieser Epoche gewesen ist.

1899

Frau Luna

Deutsche Operette

*Paul Lincke komponierte die Musik, der Text zur Ope-
rette in 2 Akten stammt von Heinrich Bolten-Baeckers. Sie
spielt in Berlin um die Jahrhundertwende und wurde auch
hier am 1. Mai 1899 zur Uraufführung gebracht.*

1. Akt. Auf dem Dach über seinem Mansardenzimmer
sitzt Frau Pusebachs junger Untermieter, der Mechani-
ker Fritz Steppke, und kontrolliert die Windrichtung:

»Der Wind weht gut, mir wächst der Mut, bald ist mein Werk vollbracht!« Dieses Werk ist ein Stratosphären-Expreßballon, den Steppke konstruierte und mit dem er recht bald eine Fahrt zum Mond durchführen möchte. Sein Freund, der Schneider Lämmermeier, bügelt für ihn drinnen in der Dachstube schon die Kapitänsuniform. Frau Pusebach kündigt ihrem Untermieter, denn sie hält nichts von seinen großen Plänen. Überhaupt verachtet sie die Männer, seitdem sie an einem Sommerabend einen gewissen Theophil kennenlernte, den sie nicht vergessen kann, obwohl er sie sitzenließ. Damit ihr das nicht noch einmal passiert, eilt sie hinunter zur Kühlen Molle, um ihren Bräutigam, den Rentier Pannecke, der sich dort aufhält, zu überwachen. Ihre Nichte Marie bringt Steppke das Abendessen. Beide sind ineinander verliebt. Marie billigt die Hirngespinste, wie sie Steppkes Pläne bezeichnet, noch weniger als die Tante: »Schlösser, die im Monde liegen, bringen Kummer, lieber Schatz!« Da Steppke seine Mieze, wie er Marie nennt, sehr liebt, nimmt er wehmütig von seinen Plänen Abschied. Marie wünscht ihm eine gute Nacht und geht hinaus. Einmal wenigstens will Steppke die Kapitänsuniform angehabt haben. Er zieht sie an und betrachtet sich im Spiegel. Er kann sich noch immer nicht ganz entscheiden, wem er gehorchen soll, seiner kühnen Idee oder seiner Liebe zu Marie. Er legt sich auf das Sofa, um nachzudenken, und – schläft ein. Im Traum sieht er den Mond durch das Fenster scheinen und ihm zublinzeln. Seine Reisegefährten Lämmermeier und Pannecke kommen zu ihm, und nun ist er nicht mehr zu halten. Alle drei klettern über die Dächer davon, um nicht Frau Pusebach zu begegnen. Dieser

schwant Unheil, sie kommt in das Zimmer, findet es leer
und eilt mit Marie den dreien nach. Die können auf dem
Flugplatz gerade noch die Gondel des Expreßballons be-
steigen, da werden sie auch schon eingeholt. Die wütende
Frau Pusebach will unbedingt ihren Pannecke zurückhal-
ten. Das gelingt ihr nicht mehr, denn der Ballon erhebt
sich bereits. Sie kann sich nur an der Strickleiter des auf-
steigenden Ballons festklammern und wird mit hochgezo-
gen, während das weinende Mariechen zurückbleibt.
Steppkes Traum führt ihm nun den Mond vor, auf dem
jener Theophil, von dem Frau Pusebach enttäuscht
wurde, der »Mann im Monde« ist, der für Ruhe und Ordnung zu sorgen hat. Privat liebt er Stella, die Zofe der
Frau Luna, und das auf eine recht irdische Weise: »Es
hilft nichts! Sie hat ein Sparkassenbuch und ich habe
Schulden!« In das Mondidyll platzen die vier Berliner,
die hocherfreut feststellen, daß sie sich wirklich und
wahrhaftig auf dem Monde befinden. Sie erleben eine erste Enttäuschung, als sie erkennen müssen, daß die hiesigen Verhältnisse denen auf der Erde auf fatale Weise
gleichen. Zudem erkennt Frau Pusebach jenen Theophil,
der sie sitzenließ. Der hilft sich genau wie die Regierun-
gen unten auf der Erde und läßt die Ausländer verhaften.
Frau Pusebach kann entwischen und droht ihm mit einem
riesigen Skandal, falls er die Verhafteten nicht augen-
blicklich freilasse. Theophil beruhigt sie und verspricht
ihr, was sie will. Vorerst muß er einen neuen Gast begrü-
ßen. Es ist Prinz Sternschnuppe, der die Herrin des Mondes, Frau Luna, heiraten möchte. Theophil will ihm bei
seinen Absichten behilflich sein, und Prinz Sternschnuppe erlaubt ihm, sich gelegentlich sein Kometen-

auto zu leihen. Mit diesem möchte Theophil die Berliner zurück nach Berlin bringen. Sie werden aus ihrer Haft entlassen und können es nicht erwarten, endlich wieder Berliner Luft zu atmen.

2. Akt. In ihrem Prunksaal empfängt Frau Luna ihre Besucher, die Sterne. Prinz Sternschnuppe hält um ihre Hand an und wird, wie schon oft, abgewiesen. Frau Luna hört von den Gästen aus Berlin und befiehlt, sie vorzuführen. Sie empfängt sie mit all ihrem Glanz und geleitet Steppke, der ihr ausnehmend gefällt, in ihr Boudoir. Dort will sie ihm die Sehnsucht nach der Erde nehmen, damit sie ihn später in aller Ruhe verführen kann. Der eifersüchtige Prinz hört von Frau Pusebach, daß Steppke auf der Erde ein Mariechen hat, mit dem er verlobt ist. Sofort saust er mit seinem Kometenauto los, um Marie zu holen. Nur sie ist imstande, Steppke den Kopf zurechtzusetzen. Frau Pusebach und Theophil, Pannecke und Lämmermeier und dazu die Zofe Stella beschließen, ihre durch Flirts und Eifersüchteleien bereits reichlich verwickelten Verhältnisse auf gütlichem Wege zu klären, denn: »Ist die Welt auch noch so schön, einmal muß sie untergehn!« Gerade will Steppke auf der Mondterrasse Frau Luna küssen, da vernimmt er den Gesang Maries: »Schlösser, die im Monde liegen, bringen Kummer, lieber Schatz!« Er eilt in ihre Arme, und Frau Luna reicht dem Prinzen ihre Hand. Die Berliner wissen, daß sie nun bald wieder dort sein werden, wo sie sich am wohlsten fühlen, in ihrem Berlin.

Lincke ist es gelungen, die Berliner Selbstherrlichkeit der Jahrhundertwende musikalisch auszudrücken. »Schlösser, die im Monde liegen« und »Laßt den Kopf

nicht hängen«, besonders aber die »Berliner Luft«, eröff-
neten die Kette der Berliner Lokalschlager, die man mit
seinem Namen und mit denen Walter Kollos (1878 bis
1940), Jean Gilberts (1879 bis 1942) und Victor Hollaen-
ders (1866–1940) verbindet.

Da das Original ein Einakter war, entstanden noch zu
Lebzeiten des Komponisten Versuche, dem Werk abend-
füllende Länge zu geben. Die zweiaktige Fassung Bolten-
Baeckers wird sehr viel gespielt; aber auch sie kann nicht
befriedigen als Rahmen für die volkstümlichen, herzhaf-
ten Weisen des Urberliners Paul Lincke.

1916

Immunität schützt nicht vor Festnahme

Karl Liebknecht bei Friedensdemonstration verhaftet

Der Reichstagsabgeordnete Karl Liebknecht veranstal-
tete am 1. Mai 1916 auf dem Potsdamer Platz in Berlin
eine Friedenskundgebung. Auf Flugblättern wurden die
Beendigung des Krieges und der Rücktritt der Reichsre-
gierung gefordert. Die Polizei schritt sofort ein, verhaf-
tete Kundgebungsteilnehmer, die »nieder mit dem
Krieg« gerufen hatten, und nahm auch Liebknecht fest,
der sich heftig dagegen wehrte. Liebknecht hatte dem äu-
ßersten linken Flügel der Sozialdemokratischen Partei
angehört. Er beugte sich im August 1914 bei der Bewilli-
gung der Kriegskredite zunächst der Fraktionsdisziplin,
stimmte aber bereits im Dezember 1914 und im August
1915 mit einigen anderen SPD-Abgeordneten gegen weitere Kredite. Im Januar 1916 trat er aus der SPD-Frak-

tion aus und wurde als Armierungssoldat eingezogen. Während der Antikriegskundgebung wurde er trotz seiner Immunität als Reichstagsabgeordneter festgenommmen. Zehn Tage später billigte der Reichstag bei wenigen Gegenstimmen die Verhaftung Liebknechts und hob seine Immunität auf. Er habe durch sein Auftreten feindlichen Mächten Vorschub geleistet und sei auf frischer Tat ertappt worden. Liebknecht wurde des Hochverrats angeklagt und zu vier Jahren Zuchthaus verurteilt. *(SZ)*

1946

Erhaltung der Arbeitskraft

Aufruf der wiedererstandenen Gewerkschaften

Am 1. Mai 1946 konnten in Deutschland die Gewerkschaften zum erstenmal seit 1932 wieder den Maifeiertag begehen. In einem Aufruf hieß es: »Inmitten der durch den Krieg zertrümmerten Städte und unserer darniederliegenden Wirtschaft ist die Arbeitskraft in Deutschland jener Faktor, der die erste und größte Voraussetzung für den Wiederaufbau des Lebens und der Wirtschaft in sich schließt. Soll dieses wertvolle Gut des Volkes und der Wirtschaft nicht als Folge des Krieges geopfert werden, dann ist ausreichende Ernährung oberste Voraussetzung. Kann die Ernährung des schaffenden Volkes nicht zuverlässig sichergestellt werden, dann fordern die Gewerkschaften zwingend die Einführung der 40-Stunden-Woche.« *(SZ)*

1969

Demokratie will Mitbestimmung

Maikundgebungen für soziale Reformen

Die Maikundgebungen des Deutschen Gewerkschafts-
bundes standen am 1. Mai 1969 unter dem Leitthema Mitbestimmung und soziale Reformen. Der DGB-Vorsit-
zende Rosenberg bezeichnete die Erweiterung der Mitbestimmung als eine entscheidende Frage für den politischen Gehalt der demokratischen Gesellschaft. »Mitbestimmung kann nur voll und ganz paritätisch sein.« Sein
Stellvertreter Beermann forderte den Bundestag auf,
sich seiner Verpflichtung bewußt zu sein und die gesell-
schaftspolitische Frage der Mitbestimmung bald und positiv zu beantworten. Der IG-Metall-Vorsitzende Bren-
ner appellierte an die Parteien, mit der Mitbestimmung
ernst zu machen, damit eine wirtschaftlich stabile und so-
zial gerechte Entwicklung in der Bundesrepublik garan-
tiert werde. Außenminister und SPD-Vorsitzender Willy
Brandt erklärte, die weißen Flecken in der Bilanz bewie-
sen, daß der im Grundgesetz geforderte Rechtsstaat noch
nicht verwirklicht sei und notwendige gesellschaftliche
Reformen noch ausstünden. *(SZ)*

1976

Die magische Grenze

Erster Diskuswurf über die 70-m-Marke

Im Mai 1930 schaffte der Amerikaner Erik Krentz in Palo
Alto mit 51,03 m den ersten Diskuswurf über 50 m. 31
Jahre später, im August 1961, warf sein Landsmann Jay

Silvester die Scheibe als erster über die 60-m-Marke, 60,55 m in Frankfurt. Nur 15 Jahre dauerte es dann, bis auch der erste Wurf über 70 m gelang. Der 1,93 m große Mac Wilkins schleuderte den Diskus bei einem Sportfest in San José am 1. Mai 1976 gleich dreimal über die alte Weltbestleistung hinaus, mit 70,24 m und 70,86 m sogar zweimal über die magische Grenze. Seine große Überlegenheit zu dieser Zeit dokumentierte der am 15. 11. in Eugene/Oregon geborene Athlet mit dem Olympiasieg bei den Spielen 1976 in Montreal. In den folgenden Jahren trainierte er häufig in München, weil ihm dort bessere Trainingsbedingungen geboten wurden als in seiner Heimat. Er war lange Zeit Mitglied des Vereins LAC Quelle Fürth und belegte einmal bei deutschen Meisterschaften den ersten Platz. 1980 gab er seine Karriere auf, weil er in den USA die Besitzerin einer großen Farm heiratete, die vier Kinder in die Ehe mitbrachte. Doch schon ein Jahr später begann Wilkins wieder mit dem Diskuswerfen, ohne zunächst die alten Weiten wieder zu erreichen.

Rekorde des Tages

Schneller laufen, weiter springen, tiefer tauchen – der Mensch will hoch hinaus. Seit der Neandertaler hinter Hasen her- und vor Bären davonlief, jagt der Mensch Rekorden nach – einem kleinen Stück Unsterblichkeit, das z. B. Herrn P. (8000 bemalte Ostereier) mit Picasso (13500 Gemälde) verbindet und die Kopenhagener Friseure (33 Jahre Streik) mit Mozart (der in gleicher Zeit 1000 Meisterwerke schuf). »Ihre« persönlichen Geburtstagsrekorde:

Zum erfolgreichsten Rattenfänger brachte es »Jacko« am 1. Mai 1862 in London, als er in 5:28 Minuten 100 Ratten den Garaus machte; der vermutete Kater war allerdings ein Bull-Terrier. Auf 25,40 Millionen Exemplare brachte es Jacqueline Susann bis zum 1. Mai 1982 (Bücher-Ratten-Rekord mit dem meistverkauften Roman aller Zeiten, »Tal der Puppen«). Am 1. Mai 1977 schaffte Steve Weldon (USA) 91,4 Meter in 28,73 Sekunden – nicht als Läufer, sondern als Spaghetti-Schnellfresser. Den größten Hochzeitskuchen fabrizierten am 1. Mai 1980 zwei Kanadier (32 Tonnen Gewicht, 9,90 Meter Höhe; Zutaten: 10000 Eier und 9797 kg Zucker). Am 1. Mai 1981 feierte der wohl erfolgreichste Strafverteidiger, Sir Luckhoo aus Georgetown (Guyana), seinen 236. Freispruch (mit seinem 236. mordverdächtigen Mandanten).

Eine deutsche 1.-Mai-Premiere fand diesentags im Jahre 1892 zwischen Berlin und Köln statt, als der erste D-Zug seine eilbedürftigen Passagiere von der Spree an den Rhein beförderte.

Chronik unseres Jahrhunderts

Welt- und Kulturgeschichtliches von 1900–1980

	Schlagzeilen	Kultur
1900	In Deutschland tritt Bürgerliches Gesetzbuch (BGB) in Kraft. Boxeraufstand in China niedergeschlagen. Erste Autodroschke in Berlin. Pariser Weltausstellung.	G. Hauptmann: Michael Kramer. Rilke: Geschichten vom lieben Gott. Puccini: Tosca. Sibelius: Finlandia. Max Planck begründet Quantentheorie. Erster Zeppelin.
1901	Friedens-Nobelpreis an H. Dunant und F. Passy. US-Präsident McKinley ermordet, Nachf. Th. Roosevelt. Ibn Saud erobert arab. Reich. Pers. Ölfelder erschlossen.	Physik-Nobelpreis an W. Röntgen. Th. Mann: Buddenbrooks. A. Schnitzler: Leutnant Gustl. I. Pawlow beginnt Tierexperimente. Erhaltenes Mammut in Sibirien gefunden.
1902	Italien erneuert Dreibund. L. Trotzki flieht aus Rußland. Südafrika brit. Kolonie. Frauenwahlrecht in Australien. Kuba Freistaat unter US-Protektorat.	Literatur-Nobelpreis an Th. Mommsen. Ibsen: Gesammelte Werke. D'Annunzio: Francesca da Rimini. Debussy: Pelleas et Melisande. Cushing: Erste Nervennaht.
1903	USA erwerben Panamakanalzone. Judenpogrome in Rußland. Ford gründet Autogesellschaft. Siemens-Schuckert-Werke gegründet. Erste Tour de France.	G. Hauptmann: Rose Bernd. G. Klimt: Deckengemälde in der Wiener Universität. Schnitzler: Reigen. Erster Motorflug der Brüder Wright. Steiff ersinnt Teddybär.
1904	Herero-Aufstand in Deutsch-Südwestafrika. Frz.-brit. »Entente cordiale«. Tagung der 2. Internationale in Amsterdam. Autofabrik Rolls Royce gegr. Daimler-Werk in Untertürkheim.	A. Holz: Daphnis. Puccini: Madame Butterfly. Th. Boveri entdeckt Chromosomen als Erbträger. M. Curie erforscht radioaktive Substanzen. Duncan gründet Tanzschule.
1905	Friedens-Nobelpreis an B. v. Suttner. Sieg Japans im Krieg gegen Rußland. Zar erläßt Verfassung. Bergarbeiterstreik im Ruhrgebiet. Schweizerische Nationalbank.	Gorki: Die Mutter. H. Mann: Professor Unrat. R. Strauss: Salomé. Erster (frz.) Film. Medizin-Nobelpreis an R. Koch für Tuberkuloseforschung. Elektr. Glühlampe.
1906	Friedens-Nobelpreis an Th. Roosevelt. Südafrika erhält von Großbritannien Recht auf Selbstverwaltung. A. Dreyfus freigesprochen. Schah gibt Persien Verfassung.	Erste internationale Konferenz für Krebsforschung in Heidelberg u. Frankfurt/Main. Größer Vesuvausbruch. Erdbeben und Großfeuer vernichten San Francisco.
1907	Allgemeines Wahlrecht in Österreich. Lenin flieht ins Ausland. Stalin überfällt Geldtransport für bolschewist. Parteikasse. Royal-Dutch-Shell-Gruppe gegründet.	Mahler geht an die Metropolitan Oper New York. Ido als reform. Esperanto. Picasso wendet sich dem Kubismus zu. C. Hagenbeck gründet Hamburger Tierpark.
1908	Hamburgisches Weltwirtschaftsarchiv. Österreich-Ungarn annektiert Bosnien und Herzegowina. Luftschiffbau Zeppelin. Einschlag eines Riesenmeteors in Sibirien.	Chemie-Nobelpreis an E. Rutherford (Radioaktivität). Freud: Charakter und Analerotik. Rilke: Neue Gedichte. G. E. Hale entdeckt Magnetfelder der Sonnenflecken.

Schlagzeilen	Kultur	
Neue dt. Verbrauchssteuern. Vorentwurf für neues dt. Strafgesetzbuch. Dt. Kfz-Gesetz. Schah flieht nach nationalist. Aufstand nach Rußland. Erste Dauerwelle.	Literatur-Nobelpreis an S. Lagerlöf. Duse verläßt Bühne. S. Diaghilew zeigt Ballet Russe in Paris. Mahler: 9. Symphonie. R. Strauss: Elektra. R. E. Peary am Nordpol.	1909
Japan annektiert Korea. Weltausstellung in Brüssel. China schafft Sklaverei ab. Erste Kleinepidemien an Kinderlähmung in England. Portugal wird Republik.	Strawinsky: Der Feuervogel. Karl May: Winnetou. Rilke: Aufzeichnungen des Malte Laurids Brigge. Manhattan-Brücke in New York. Käthe Kruse-Puppen.	1910
Reichsversicherungsordnung. Erstmalig Flugzeuge bei dt. Manövern. Regierungskrise in Österreich. Sozialversicherung in England. Kanada baut eigene Flotte.	Hofmannsthal: Der Rosenkavalier, Jedermann. Mahler: Das Lied von der Erde. A. Schönberg: Harmonielehre. R. Wagner: Mein Leben (postum). Erste dt. Pilotin.	1911
Dt. Kolonialbesitz 3 Mio. km² mit 12 Mio. Einwohnern. Untergang der Titanic. Erster engerer Kontakt Lenins mit Stalin. Beginn des Balkankrieges gegen die Türkei.	Literatur-Nobelpreis an G. Hauptmann. R. Strauss: Ariadne auf Naxos. Shaw: Pygmalion. Nofretete-Büste aufgefunden. Röntgenstrahlen. Nichtrostender Krupp-Stahl.	1912
Sylvia Pankhurst (engl. Suffragetten-Führerin) wiederholt festgenommen. Internationaler Gewerkschaftsbund in Amsterdam. Woodrow Wilson Präsident der USA.	Literatur-Nobelpreis an R. Tagore (Indien). Freud: Totem und Tabu. Strawinsky: Le Sacre du printemps. Th. Mann: Der Tod in Venedig. Alex. Behm: Echolot.	1913
Ausbruch des Ersten Weltkrieges. Übergang zum Stellungskrieg in West und Ost. Schlacht bei Tannenberg. Höhepunkt d. engl. Suffragettenbewegung. Gandhis Rückkehr nach Indien.	Th. Mann: Tonio Kröger. Erste dt. Abendvolkshochschulen. Jazz dringt in Tanzmusik ein. Sechsrollen-Rotationsmaschine druckt 200 000 achtseitige Zeitungen/Stunde.	1914
Winterschlacht in den Masuren: russ. Armee vernichtet. Dt. Luftangriffe auf London u. Paris. Beginn der Isonzoschlachten. Verschärfter dt. U-Boot-Krieg.	Literatur-Nobelpreis an R. Rolland. Meyrink: Der Golem. Scheler: Vom Umsturz der Werte. Blüte des klass. New Orleans-Jazzstils, durch weiße Musiker Dixieland.	1915
Bildung dt. Fliegerjagdstaffeln. Anwendung hochwirksamer Gase an den Fronten. Entscheidungslose Seeschlacht vor dem Skagerrak. Gasmaske u. Stahlhelm im dt. Heer.	Kafka: Die Verwandlung. M. Liebermann: Die Phantasie in der Malerei. F. Sauerbruch konstruiert durch Gliedstumpfmuskeln bewegliche Prothesen.	1916
USA erklären Deutschland den Krieg. Uneingeschränkter dt. U-Boot-Krieg. G. Clémenceau frz. Ministerpräsident. Erschießung Mata Haris als dt. Spionin in Paris.	G. Benn: Mann u. Frau gehen durch eine Krebsbaracke. Hamsun: Segen der Erde. Pfitzner: Palestrina. O. Respighi: Le fontane di Roma. DIN-Ausschuß gegründet.	1917
Ende des Ersten Weltkrieges. Allgem. dt. Frauenstimmrecht. Gründung der KPD. Ungar. Republik ausgerufen. Gründung der Republiken Litauen, Estland u. Lettland.	Physik-Nobelpreis an M. Planck. H. Mann: Der Untertan. H. St. Chamberlain: Rasse und Nation. J. Péladan: Niedergang d. lat. Rasse. Film: Ein Hundeleben (Ch. Chaplin).	1918
R. Luxemburg u. K. Liebknecht von Rechtsradikalen ermordet. Ebert erster Reichspräsident. Friedensverträge von Versailles u. St. Germain. NSDAP gegründet.	R. Strauss: Frau ohne Schatten. K. Kraus: Die letzten Tage der Menschheit. V. Nijinskij geisteskrank. Abschaffung der Todesstrafe in Österr. Prohibition in den USA.	1919
Hitlers 25-Punkte-Programm im Münchener Hofbräuhaus. Ständiger Internat. Gerichtshof im Haag gegr. O. Bauer: Austromarxismus. Maul- u. Klauenseuche in Dtld.	Literatur-Nobelpreis an Hamsun. E. Jünger: In Stahlgewittern. Mallarmés Nachlaß erscheint. Strawinsky: Pulcinella. Dt. Lichtspielgesetz mit Filmzensur.	1920

	Schlagzeilen	Kultur
1921	Erstes Auftreten der SA. Habsburger in Ungarn entthront. X. Parteitag der russ. Kommunisten bekräftigt Einheit der Partei. K. P. Atatürk verkündet Verfassung.	Physik-Nobelpreis an Einstein. A. Heusler: Nibelungensage. C. G. Jung: Psycholog. Typen. Kretschmer: Körperbau und Charakter. E. Munch: Der Kuß.
1922	Rathenau von Rechtsradikalen ermordet. Deutschlandlied Nationalhymne. Mussolini Ministerpräsident. Nansenpaß für staatenlose Flüchtlinge. Bildung der UdSSR.	Pius XI. Papst (bis 1939). Galsworthy: Forsyte-Saga. Hesse: Siddharta. J. Joyce: Ulysses. Spengler: Untergang des Abendlandes. A. Schönberg: Zwölftonmusik.
1923	Ruhrbesetzung durch Frankreich. Inflationshöhepunkt 1 $ = 4,2 Bill. RM. Hitler-Ludendorff-Putsch in München. Muttertag aus den USA. Erdbeben in Tokio.	Th. Mann: Felix Krull. Rilke: Duineser Elegien. Picasso: Frauen. Freud: Ich und Es. Erstes dt. Selbstwähler-Fernamt. Erste Polarstation der UdSSR.
1924	Hitler schreibt Mein Kampf. Attentat auf I. Seipel. G. Mateotti von Faschisten ermordet. Trotzki abgesetzt u. verbannt. 200000 illegale Abtreibungen/Jahr vermutet.	Th. Mann: Zauberberg. Gershwin: Rhapsodie in blue. Puccini: Turandot. Film: Nibelungen (F. Lang), Berg d. Schicksals (L. Trenker). Tod Mallorys u. Irvings am Mt. Everest.
1925	Friedens-Nobelpreis an Chamberlain u. Dawes. Neugründung der NSDAP. Bildung der SS. Verschärfung der faschist. Diktatur in Italien. Greenwichzeit Weltzeit.	Literatur-Nobelpreis an G. B. Shaw. F. S. Fitzgerald: Big Gatsby. A. Berg: Wozzek. Film: Ein Walzertraum, Goldrausch (Ch. Chaplin). Charleston »der« Tanz.
1926	Friedens-Nobelpreis an Briand u. Stresemann. SPD gegen Reichswehr. Hitlerjugend gegründet. Lord Halifax brit. Vizekönig in Indien. Mussolini »Duce«.	St. Zweig: Verwirrung d. Gefühle. Film: Metropolis (F. Lang), Faust (F. W. Murnau), Panzerkreuzer Potemkin (S. M. Eisenstein). Elektrische Schallplattentechnik.
1927	Arbeiterunruhen in Wien, Justizpalastbrand. Attentat auf Mussolini, Todesstrafe wieder eingeführt. Japan. Konflikt mit China. Erster Fünfjahresplan in der UdSSR.	Hesse: Steppenwolf. Zuckmayer: Schinderhannes. Heidegger: Sein und Zeit. Josephine Baker in Paris. Ch. A. Lindbergh überfliegt Nordatlantik nonstop.
1928	Reichs-Osthilfe für Ostpreußen. W. Miklas österr. Bundespräsident (bis 1938). St. Radic von serb. Radikalen ermordet. Tschiang Kaischek einigt China.	D. H. Lawrence: Lady Chatterley. St. Zweig: Sternstunden d. Menschheit. Disneys erste Micky-Maus-Stummfilme. Ravel: Bolero. Weill: Dreigroschenoper.
1929	Himmler Reichsführer SS. Trotzki ausgewiesen. Börsenkrach, Weltwirtschaftskrise (bis ca. 1933). Indien fordert Unabhängigkeit. Stalin Alleinherrscher.	Literatur-Nobelpreis an Th. Mann. Döblin: Berlin Alexanderplatz. Weill: Mahagonny. Tonfilm. Erste Fernsehsendung in Berlin. Fleming: Penicillin-Forschung.
1930	Rücktritt Regierung Müller. Brüning neuer Reichskanzler. Erster NS-Minister in Thüringen. Österr.-ital. Freundschaftsvertr. Bau d. frz. Maginotlinie.	Ortega y Gasset: Aufstand der Massen. Hesse: Narziß und Goldmund. Musil: Mann ohne Eigenschaften. Film: Der blaue Engel. Schmeling Boxweltmeister.
1931	Verbot einer dt.-österr. Zollunion. Harzburger Front: Bündnis v. Konservativen u. NSDAP. Hoover-Moratorium für internat. Zahlungen. Spanien Republik.	Enzyklika »Quadragesimo anno«. Broch: Die Schlafwandler. Carossa: Arzt Gion. Kästner: Fabian. † Schnitzler, österr. Dichter. Film: Lichter der Großstadt.
1932	Reichspräs. Hindenburg wiedergewählt. Absetzung der preuß. Regierung. Wahlsieg der NSDAP. Ende der Reparationszahlungen. Lindbergh-Baby entführt.	Physik-Nobelpreis an Heisenberg. Brecht: Heilige Johanna. A. Schönberg: Moses u. Aaron (Oper). Film: M, Der träumende Mund. Olympische Spiele in Los Angeles.

Schlagzeilen	Kultur	
Hitler Reichskanzler (»Machtergreifung«). Reichstagsbrand. Goebbels Propagandaminister. Zerschlagung der Gewerkschaften und Parteien in Deutschland.	Dt. Konkordat mit dem Vatikan. Bücherverbrennung in Berlin. † St. George, dt. Dichter. R. Strauss: Arabella. Film: Hitlerjunge Quex, Königin Christine.	1933
Ermordung der SA-Führung u. vieler Regimegegner beim sog. Röhm-Putsch. Tod Hindenburgs. Hitler Alleinherrscher. Diplomatische Beziehungen USA-UdSSR.	Barmer Bekenntnissynode. † M. Curie, frz. Physikerin. P. Hindemith: Mathis der Maler (Symphonie). Film: Maskerade. Gangster Dillinger in den USA erschossen.	1934
Friedens-Nobelpreis für Ossietzky (im KZ). Saarland wieder dt. Allg. Wehrpflicht in Deutschland. Dt.-engl. Flottenabkommen. Antijüd. Nürnberger Gesetze.	H. Mann: Henri Quatre. Chagall: Verwundeter Vogel (Gemälde). Egk: Die Zaubergeige (Oper). Film: Anna Karenina, Pygmalion. Erfindung der Hammond-Orgel.	1935
Besetzung des Rheinlands durch dt. Truppen. Volksfrontregierung in Frankreich. Annexion Abessiniens durch Italien. Beginn des span. Bürgerkrieges.	Großrechenmaschine von K. Zuse. Th. Mann ausgebürgert. E. Jünger: Afrikanische Spiele. Film: Traumulus, Moderne Zeiten. Olympische Spiele in Berlin.	1936
»Achse« Berlin–Rom. Stalinist. »Säuberungen« in der UdSSR. Beginn des japan.-chines. Krieges. Holländische Prinzessin Juliana heiratet Prinz Bernhard.	Verhaftung Pfarrer Niemöllers. Klepper: Der Vater. Picasso: Guernica (Gemälde). Orff: Carmina Burana (Kantate). Film: Die Kreutzersonate, Der zerbrochene Krug.	1937
Anschluß Österr. an Deutschland. Münchener Abkommen der Großmächte: ČSR tritt Sudetenland an Deutschland ab. Judenverfolgung in der sog. Reichskristallnacht.	† Barlach, dt. Künstler. Sartre: Der Ekel. Scholochow: Der Stille Don. Film: Tanz auf dem Vulkan. Urankernspaltung durch Hahn und Straßmann.	1938
Zerschlagung der »Resttschechei«. Rückkehr des Memelgebietes zum Dt. Reich. Hitler-Stalin-Pakt. Ausbruch 2. Weltkrieg. Dt. Sieg über Polen (»Blitzkrieg«).	Pacelli als Papst Pius XII. † Freud, österr. Psychologe. Th. Mann: Lotte in Weimar. Seghers: Das siebte Kreuz. Film: Bel ami. 800-m-Weltrekord durch Harbig.	1939
Dänemark u. Norwegen von dt. Truppen besetzt. Dt. Sieg über Holland, Belgien, Frankreich. Luftschlacht um England. Pétain frz. Staatschef. Churchill brit. Premier.	Hemingway: Wem die Stunde schlägt. R. Strauss: Liebe der Danae (Oper). † Klee, dt. Maler. Film: Jud Süß, Der große Diktator. Winterhilfswerk in Deutschland.	1940
Dt. Afrika-Korps unter Rommel. Dt. Truppen erobern Jugoslawien, Griechenland. Dt. Angriff auf UdSSR. Kriegseintritt der USA nach japan. Überfall auf Pearl Harbor.	Brecht: Mutter Courage. Werfel: Das Lied von Bernadette. Film: Reitet für Deutschland, Friedemann Bach, Citizen Kane. Schlager: Lili Marleen.	1941
Schlacht um Stalingrad. NS-Programm zur Judenvernichtung. Dt. Sieg in Tobruk, Niederlage bei El Alamein. US-Seesieg bei den Midway Inseln über Japan.	Freitod St. Zweig, dt. Dichter. Lindgren: Pippi Langstrumpf. Schostakowitsch: 7. Symphonie. Film: Bambi, Diesel. US-Atombombenprogramm.	1942
Kapitulation der dt. Stalingradarmee u. des Afrikakorps. Zusammenbruch Italiens. Großangriff auf Hamburg. Ende der Widerstandsgruppe »Weiße Rose«.	Hesse: Das Glasperlenspiel. Th. Mann: Josephsromane. † Reinhardt, dt. Regisseur. Orff: Die Kluge. Erster dt. Farbfilm (Münchhausen). Frankfurter Zeitung verboten.	1943
Rote Armee an der Weichsel. Invasion der Alliierten in Frankreich. Attentat auf Hitler scheitert am 20. Juli. Aufstand in Warschau. Raketenangriffe auf England.	Chemie-Nobelpreis an O. Hahn. Giraudoux: Die Irre von Chaillot. Sartre: Hinter verschlossenen Türen. † Kandinsky, russ. Maler. Film: Große Freiheit Nr. 7.	1944

Schlagzeilen	Kultur
1945 Selbstmord Hitlers. Bedingungslose Kapitulation Deutschlands. Gründung der UN. Atombomben auf Japan. 2. Weltkrieg beendet. Vertreibung der ostdt. Bevölkerung.	Steinbeck: Straße der Ölsardinen. † Werfel, österr. Dichter. Britten: Peter Grimes (Oper). Film: Kolberg, Kinder des Olymp. Demontage u. Schwarzmarkt in Deutschland.
1946 Adenauer CDU-, Schumacher SPD-Vorsitzender. Urteile im Nürnberger Kriegsverbrecher-Prozeß. Entnazifizierung. Bildung der ostdt. SED. Italien Republik.	Literatur-Nobelpreis an Hesse. † Hauptmann, dt. Dichter. Zuckmayer: Des Teufels General. rororo-Taschenbücher im Zeitungsdruck. VW-Serienproduktion.
1947 Bildung der amerik.-brit. Bizone. Auflösung Preußens. US-Hilfe für Europa durch Marshall-Plan. UN-Teilungsplan für Palästina. Indien unabhängig.	Benn: Statische Gedichte. Borchert: Draußen vor der Tür. Th. Mann: Dr. Faustus. Bildung der Gruppe 47. Floßüberquerung des Pazifik durch Heyerdahl. New-Look-Mode.
1948 Blockade Berlins. Versorgung durch Luftbrücke. Währungsreform in dt. Westzonen. Gründung Israels. Gandhi ermordet. Konflikt Tito-Stalin.	Freie Universität Berlin gegründet. Kinsey-Report über Sexualität. Brecht: Puntila. Mailer: Die Nackten und die Toten. Film: Bitterer Reis, Berliner Ballade.
1949 Bildung von BRD und DDR, Adenauer erster Bundeskanzler, Heuss erster Bundespräsident. Griech. Bürgerkrieg beendet. Gründung der NATO. China Volksrepublik.	Ceram: Götter, Gräber u. Gelehrte. Jünger: Strahlungen. Orwell: 1984. † R. Strauss, dt. Komponist. Film: Der dritte Mann. Erstes SOS-Kinderdorf.
1950 Dt. Beitritt zum Europarat. Vietminh-Aufstand in Indochina gegen Frankreich. Indonesien unabhängig. Beginn des Korea-Krieges. Tibet von China besetzt.	Dogma von der Himmelfahrt Mariae. Ionesco: Die kahle Sängerin. † H. Mann, dt. Dichter. Film: Orphée (Cocteau), Schwarzwaldmädel, Herrliche Zeiten.
1951 Bildung der Montanunion. Eröffnung des Bundesverfassungsgerichts. UN-Oberbefehlshaber in Korea Mac Arthur abgesetzt. Friedensvertrag USA-Japan.	Gollwitzer: Und führen, wohin du nicht willst. Faulkner: Requiem für eine Nonne. Film: Ein Amerikaner in Paris, Grün ist die Heide. Herz-Lungen-Maschine erfunden.
1952 Deutschlandvertrag. Helgoland wieder dt. Wiedergutmachungsabkommen BRD-Israel. † Schumacher, SPD-Vors. Elisabeth II. Königin von England.	Friedens-Nobelpreis an Schweitzer. Beckett: Warten auf Godot. Hemingway: Der alte Mann und das Meer. Film: Lilli, Rampenlicht. Deutschland wieder bei Olymp. Spielen.
1953 Aufstand in der DDR. Wahlsieg der CDU. † Stalin, sowjet. Diktator. Waffenstillstand in Korea. Mau-Mau-Aufstand. Iran. Regierung gestürzt.	Heidegger: Einführung in die Metaphysik. Koeppen: Treibhaus. Henze: Landarzt (Funkoper). Film: Ein Herz und eine Krone. Erstbesteigung des Mount Everest.
1954 Pariser Verträge: Dt. Wiederbewaffnung. Aufstand in Algerien. Frz. Niederlage bei Dien Bien Phu: Teilung Indochinas. Kommunistenverfolgung in USA.	Th. Mann: Felix Krull (Ergänzung). Hartung: Piroschka. Liebermann: Penelope (Oper). Film: Die Faust im Nacken, La Strada. Rock'n' Roll. Deutschland Fußballweltmeister.
1955 Bildung des Warschauer Pakts. Adenauer in Moskau: Rückkehr der letzten Kriegsgefangenen, diplomat. Beziehungen mit UdSSR. Österr. Staatsvertrag.	† Einstein, dt.-amerik. Physiker, Th. Mann, dt. Dichter. Nabokov: Lolita. Film: Tätowierte Rose, Rififi, Ladykillers. Polio-Schluckimpfung. BMW-Isetta.
1956 Verbot der KPD. 20. Parteitag der KPdSU: Entstalinisierung. Volksaufstand in Ungarn. Israel besetzt den Sinai. Engl.-frz. Angriff auf Ägypten (Suez-Krise).	Bloch: Prinzip Hoffnung. † Brecht, dt. Dichter. Dürrenmatt: Besuch der alten Dame. Film: Der Hauptmann von Köpenick. Erstes Kernkraftwerk in England.

Schlagzeilen	Kultur	
Saarland 10. Bundesland. Absolute CDU-Mehrheit im Bundestag. Rapacki-Plan für atomwaffenfreie Zone. Sowjet. Sputnik-Satelliten, Mißerfolge der USA.	Heisenberg: Weltformel. Beckett: Endspiel. Frisch: Homo Faber. Fortner: Bluthochzeit (Oper). Film: Ariane, Die Brücke am Kwai. »Pamir« gesunken.	1957
Gründung der EWG. Berlin-Ultimatum der UdSSR. De Gaulle erster Staatspräsident der V. frz. Republik. Intervention der USA im Libanon. Scheidung Schah/Soraya.	† Papst Pius XII., Nachf. Johannes XXIII. Pasternak: Dr. Schiwago. Uris: Exodus. Henze: Undine (Ballett). Film: Wir Wunderkinder. Stereo-Schallplatte.	1958
Lübke 2. Bundespräsident. Godesberger Programm der SPD. Chruschtschow verkündet Politik der friedl. Koexistenz. Sieg der kuban. Revolution unter Castro.	Böll: Billard um halb zehn. Grass: Die Blechtrommel. Ionesco: Die Nashörner. Film: Rosen für den Staatsanwalt, Die Brücke, Dolce vita. Sowjetische Mondsonden.	1959
MdB Frenzel als Spion entlarvt. Kennedy zum US-Präs. gewählt. Frz. Atomstreitmacht (Force de frappe). Abschuß eines US-Aufklärers über UdSSR. Kongo-Unruhen.	Walser: Halbzeit. Sartre: Die Eingeschlossenen. Film: Glas Wasser, Psycho, Frühstück bei Tiffany. Privatisierung des VW-Werkes. Hary 10,0 Sek. auf 100 m.	1960
Berliner Mauer. CDU verliert absolute Mehrheit. Rebellion frz. Generäle in Algerien. Ermordung Lumumbas. US-unterstützte Schweinebucht-Landung auf Kuba gescheitert.	Amnesty International gegründet. Physik-Nobelpreis an Mössbauer. Neubau Berliner Gedächtniskirche. Frisch: Andorra. Gagarin erster Mensch in Erdumlaufbahn.	1961
Deutschlandbesuch De Gaulles. »Spiegel«-Affäre: Sturz v. Verteidigungsminister Strauß. Algerien unabhängig. Kuba-Krise: USA erzwingen Abbau sowjet. Raketen.	II. Vatikan. Konzil. Dürrenmatt: Die Physiker. † Hesse, dt. Dichter. Film: Dreigroschenoper. † Marilyn Monroe, US-Filmstar. Sturmflutkatastrophe in Hamburg.	1962
Dt.-frz. Freundschaftsvertrag. Kennedy in Deutschland. Rücktritt Adenauers, Erhard neuer Bundeskanzler. Kennedy ermordet. † Heuss, 1. Bundespräsident.	† Papst Johannes XXIII., Nachf. Paul VI. Hochhuth: Der Stellvertreter. † Gründgens, dt. Schauspieler. Film: Das Schweigen, Die Vögel. Fußball-Bundesliga.	1963
Brandt SPD-Vors. Diplomat. Beziehungen Frankreich-Rotchina. Sturz Chruschtschows, Nachf. Breschnew/Kossygin. Johnson US-Präsident. Erste chines. Atombombe.	Sartre lehnt Literatur-Nobelpreis ab. Kipphardt: Oppenheimer. Frisch: Gantenbein. Film: Alexis Sorbas. Nachrichten-Satelliten. Mond- und Planetensonden.	1964
Diplomat. Beziehungen BRD-Israel. † Churchill, brit. Politiker. Blutige Kommunisten-Verfolgung in Indonesien. US-Luftangriffe auf Nordvietnam.	† Schweitzer, dt. Philantrop. Weiss: Die Ermittlung. Henze: Der junge Lord. »Ring«-Inszenierung W. Wagners. Film: Katelbach. 1. Weltraumspaziergang.	1965
Rücktritt von Bundeskanzler Erhard. Große Koalition CDU/CSU–SPD unter Kanzler Kiesinger. Wahlerfolge der NPD. »Kulturrevolution« in der VR China.	Böll: Ende einer Dienstfahrt. Walser: Einhorn. Penderecki: Lukas-Passion. Film: Abschied von gestern. Weiche Mondlandungen. Dt. Mannschaft 2. bei Fußball-WM.	1966
† Adenauer, 1. Bundeskanzler. Unruhen bei Schah-Besuch in Berlin: Tod eines Studenten. Israels Sieg im 6-Tage-Krieg. Militärputsch in Griechenland.	Chemie-Nobelpreis an Eigen. Film: Zur Sache Schätzchen, Rosemaries Baby. 1. Herztransplantation. ZdF und ARD starten Farbfernsehen. Raumfahrtunfälle.	1967
Notstandsgesetze in der BRD. Attentat auf Studentenführer Dutschke. Mai-Unruhen in Paris. Sowjet. Einmarsch in ČSSR beendet »Prager Frühling«.	Papst gegen künstl. Geburtenkontrolle. † Barth, schweiz. Theologe. Lenz: Deutschstunde. Solschenizyn: Krebsstation. Apollo 8 mit 3 Astronauten in Mondumlaufbahn.	1968

Schlagzeilen	Kultur
1969 Heinemann Bundespräsident. Brandt Kanzler einer SPD/FDP-Koalition. Rücktritt des frz. Präsidenten de Gaulle. Grenzkonflikt UdSSR–China am Ussuri.	Grass: Örtlich betäubt. Britten: Kinderkreuzzug (Musikal. Ballade). US-Astronaut Armstrong erster Mensch auf dem Mond. Stiftung des Wirtschafts-Nobelpreises.
1970 Treffen Brandt-Stoph in Erfurt. Gewaltverzichtsvertrag UdSSR-BRD. † de Gaulle, frz. Politiker. Kapitulation Biafras: Ende des nigerian. Bürgerkriegs.	Arno Schmidt: Zettels Traum. † Russell, brit. Gelehrter. Abbruch der Mondmission Apollo 13. Ende des Contergan-Prozesses. Deutschland 3. bei Fußball-WM in Mexiko.
1971 Anschläge der Baader-Meinhof-Terroristen. Viermächte-Abkommen über Berlin. Rücktritt von SED-Chef Ulbricht. Prozeß wegen der Morde von US-Soldaten in My Lai.	Friedens-Nobelpreis für Brandt. Bachmann: Malina. † Strawinsky, russ. Komponist. Film: Uhrwerk Orange; Tod in Venedig. Bundesliga-Skandal um Bestechungen.
1972 Extremistenbeschluß. Verhaftung der Baader-Meinhof-Terroristen. Ostverträge ratifiziert. Erfolgloses Mißtrauensvotum gegen Kanzler Brandt. SPD-Wahlsieg.	Club of Rome: Grenzen des Wachstums. Literatur-Nobelpreis an Böll. Film: Cabaret. Arab. Überfall auf israel. Mannschaft bei Olympischen Spielen in München.
1973 DDR und BRD UN-Mitglieder. † Ulbricht, DDR-Politiker. Yom-Kippur-Krieg: Ölkrise. US-Rückzug aus Vietnam. Chilen. Präsident Allende bei Putsch ermordet.	Fest: Hitler. † Picasso, span. Maler. Film: Das große Fressen. Sonntagsfahrverbote wegen Ölkrise. BRD-Gebietsreform. »Floating« statt fester Wechselkurse.
1974 Scheel Bundespräsident. Rücktritt Kanzler Brandts, Nachf. Schmidt. Austausch ständiger Vertr. DDR/BRD. Sturz v. US-Präsident Nixon. Ende der griech. Militärjunta.	Dessau: Einstein (Oper). Filme: Szenen einer Ehe; Chinatown. Volljährigkeit auf 18 Jahre gesenkt. VW beendet Käfer-Produktion. Deutschland Fußballweltmeister.
1975 Entführung des CDU-Politikers Lorenz. Terroranschlag auf dt. Botschaft in Stockholm. † Franco, span. Diktator. † Kaiser Haile Selassie, Äthiopien Republik.	Bernhard: Der Präsident. Weiß: Der Prozeß. Kagel: Mare nostrum. Film: Katharina Blum. Demonstrationen gegen Kernkraftwerke. Märkisches Viertel in Berlin fertig.
1976 Krise zwischen CDU und CSU. Schmidt erneut Bundeskanzler. Israel. Kommandounternehmen in Entebbe gegen Geiselnehmer. † Mao, chines. Politiker.	† Heidegger, dt. Philosoph. DDR bürgert Liedermacher Biermann aus. Film: Einer flog übers Kuckucksnest. Letzte Dampfloks der Bundesbahn. Neues dt. Eherecht.
1977 Arbeitgeberpräs. Schleyer entführt. Erstürmung von gekaperter Lufthansa-Maschine. Selbstmord inhaftierter dt. Terroristen. Ägypt. Präsident Sadat in Israel.	† Bloch, dt. Philosoph. Grass: Der Butt. Letztes Treffen der Gruppe 47. Centre Pompidou in Paris. † Presley, US-Rockstar. † Herberger, dt. Fußballtrainer.
1978 Frieden Israel–Ägypten. Ital. Politiker Moro entführt und ermordet. Krieg Vietnam-Kambodscha. Massenselbstmord der Volkstempelsekte in Guyana.	Poln. Kardinal Woytila neuer Papst Johannes Paul II. Penderecki: Paradise lost (Oper). Film: Deutschland im Herbst. Jähn (DDR) erster Deutscher im Weltraum.
1979 Carstens Bundespräsident. 1. Direktwahl zum Europa-Parlament. Schiitenführer Khomeini stürzt Schah. UdSSR-Invasion in Afghanistan. Krieg China–Vietnam.	US-Fernsehserie Holocaust in der BRD. Moore-Plastiken für Kanzleramt. Film: Maria Braun. Reaktorunfall in Harrisburg (USA). Aufhebung der Mordverjährung.
1980 Verluste der CDU mit Kanzlerkandidat Strauß. Erfolge der »Grünen«. Bildung d. poln. Gewerkschaft Solidarität. Krieg Irak–Iran. † Tito, jugoslaw. Politiker.	Papst-Besuch in Deutschland. † Sartre, frz. Philosoph. Ermordung Lennons, brit. Musiker. Fernsehserie: Berlin Alexanderplatz. Boykott der Olympischen Spiele in Moskau.

1769–1852 Arthur Wellesley Wellington.
Porträt von Thomas Lawrence

1786 wurde
Mozarts
»Hochzeit des
Figaro«
uraufgeführt.
Völlig im
romantischen Stil
kostümierte
Moritz von
Schwind 1825
die Personen der
Oper in seinen
Federzeichnungen
im Bild links

1899 wurde Paul Linckes Operette »Frau Luna« uraufgeführt.
Das Bild zeigt das Titelblatt des Text- und Notenhefts zur Operette

1218–1291 Rudolf I. von Habsburg.
Glasgemälde aus dem Dom von St. Stephan

1881–1955 Pierre Teilhard de Chardin

1916 kam es nach der Verhaftung von Karl Liebknecht zu
ersten politischen Streiks, so in Berlin (Bild)

1633–1707 Sebastien le Prêtre de Vauban

Unterhaltsames
zum 1. Mai

Lorenzo da Ponte

Figaros Kavatine

Will der Herr Graf
Ein Tänzchen nun wagen,
Mag er's nur sagen,
Ich spiel' ihm auf.
Soll ich im Springen
Unterricht geben,
Auf Tod und Leben
Bin ich sein Mann.
Ich will ganz leise,
Listigerweise
Von dem Geheimnis
Den Schleier ziehn.
  Mit feinen Kniffen,
  Mit starken Griffen
  Heute mit Schmeicheln,
  Morgen mit Heucheln
  Werd' seinen Ränken
  Ich kühn widerstehn.

Aus »Figaros Hochzeit«

Wolfgang Amadeus Mozart/Lorenzo da Ponte

Figaros Hochzeit

Uraufführung am 1. Mai 1786 in Wien

Aus der »Wiener Realzeitung«, 11. Juli 1786

Montags den 1ten May wurde in dem k. k. National-Hof-
Theater aufgeführt: (zum erstenmal) La Nozze di Figaro.
»Die Hochzeit des Figaro«. Ein italienisches Singspiel in
vier Aufzügen. Die Musik ist von Hrn. Kapellmeister
Mozart.

    »Was in unsern Zeiten nicht erlaubt ist, gesagt zu wer-
den, wird gesungen.« Könnte man nach »Figaro« (Im
Barbier von Seviglia) sagen. Dieses Stück, das man in Paris verbothen, und hier als Komödie sowohl in einer
schlechten als in einer guten Übersetzung aufzuführen
nicht erlaubt hat, waren wir endlich so glücklich als Oper
vorgestellet zu sehen. Man sieht, daß wir besser dran sind
als die Franzosen.

    Die Musik des Herrn Mozart wurde schon bey der er-
sten Vorstellung von Kennern allgemein bewundert, nur
nehme ich diejenigen aus deren Eigenliebe und Stolz es
nicht zuläßt, etwas gut zu finden, was sie nicht selbst ver-
faßt haben.

    Überdieß hat es seine Richtigkeit, daß die erste Auf-
führung, weil die Komposition sehr schwer ist, nicht am
besten von statten gieng.

    Sie enthält so viele Schönheiten, und einen solchen
Reichthum von Gedanken, die nur aus der Quelle eines
angebohrnen Genie's geschöpft werden können...

Prag den 1. Dezember

Kein Stück (so gehet hier die allgemeine Sage) hat je so viel Aufsehen gemacht als die italienische Oper: »Die Hochzeit des Figaro«, welche von der hiesigen Bondinischen Gesellschaft der Opernvirtuosen schon einigemal mit dem vollsten Beyfalle gegeben wurde, und wobey sich besonders Madame Bondini und Herr Ponziani in den komischen Rollen ausgezeichnet haben. Die Musik ist von unserm berühmten Herrn Mozart. Kenner, die diese Oper in Wien gesehen haben, wollen behaupten, daß sie hier weit besser ausfalle; und sehr wahrscheinlich, weil die blasenden Instrumenten, worin die Böhmen bekanntlich entschiedene Meister sind, in dem ganzen Stück viel zu thun haben; besonders gefallen die Duetten der Trompete und des Waldhorn. Unserem großen Mozart muß dieses selbst zu Ohren gekommen seyn, weil seit dem das Gerücht gehet, er würde selbst hierher kommen, das Stück zu sehen, zu dessen so glücklichen Ausführung das wohlbesetzte Orchester, und die Direkzion des Herrn Strobachs viel beytragen.

Alle ersten Darsteller hatten den Vorteil, durch den Komponisten selbst unterwiesen zu werden, der seine Ansichten und seine Begeisterung auf sie übertrug. Nie werde ich sein kleines belebtes Antlitz vergessen, wie es leuchtete, erglühend vom Feuer des Genius – ... Ich erinnere mich, wie Mozart im rothen Pelz und Tressenhut bei der ersten Generalprobe auf der Bühne stand und das Tempo angab. Benucci sang Figaro's Arie Non piu andrai mit der größten Lebendigkeit und aller Kraft seiner Stimme. Ich stand dicht neben Mozart, der sotto voce wiederholt rief: Bravo, bravo, Benucci; und als die schöne Stelle kam: Cherubino, alla vittoria, alla gloria militar! welche Benucci mit Stentorstimme sang, war die Wirkung auf alle, die Sänger auf der Bühne, die Musiker im Orchester, eine wahrhaft elektrische. Ganz außer sich vor Entzücken rief alles bravo! bravo maestro! Viva! viva! grande Mozart! Im Orchester konnten sie kein

Wolfgang Amadeus Mozart

Ende finden mit Klatschen, und die Geiger klopften mit dem Bogen auf die Notenpulte. Der kleine Mann sprach in wiederholten Verbeugungen seinen Dank für den enthusiastischen Beifall aus, der ihm auf so außerordentliche Weise ausgedrückt wurde.

Michael O'Kelly

Basilio und Don Curzio der Uraufführung

Lorenzo da Ponte

Zur Entstehung der »Hochzeit des Figaro«

Ich machte mich also an das Unternehmen; wir arbeite-
ten Hand in Hand, sowie ich etwas vom Text geschrieben
hatte, setzte er es in Musik, und in sechs Wochen war alles fertig. Das Glück begünstigte Mozart, das Theater
hatte Mangel an neuen Partituren. Ich ergriff diese Gelegenheit, und ohne mit jemandem darüber zu sprechen,

Lorenzo da Ponte

bot ich dem Kaiser selbst den »Figaro« an. »Wie?« sagte
er. »Sie wissen doch, daß Mozart in der Instrumentalmu-
sik ganz ausgezeichnet gut ist, er hat aber bis jetzt nur
eine Oper geschrieben und diese hatte keinen besonde-
ren Wert!« Ich selbst, erwiderte ich mit Unterwürfigkeit,
hätte ohne die gnädige Nachsicht Eurer Kaiserlichen Majestät nur eine Oper in Wien geschrieben. – Das ist wahr,

erwiderte er, aber diese »Hochzeit des Figaro« habe ich auch der Gesellschaft des Deutschen Theaters zu geben verboten. »Ich weiß es«, sagte ich, »aber da ich ein Drama für Musik und nicht eine Komödie geschrieben habe, so mußte ich mehrere Szenen ganz weglassen und viele andere sehr abkürzen, und somit habe ich alles das weggelassen und abgekürzt, was gegen den Anstand und die Sittlichkeit ist und was in einem Theater anstößig sein könnte, in welchem die höchste Majestät selbst zugegen ist. Was aber die Musik anbelangt, so scheint sie mir, soweit ich sie zu beurteilen vermag, von einer ganz außerordentlichen Schönheit.« – »Gut, wenn sich die Sache so verhält, so verlasse ich mich rücksichtlich der Musik auf Ihren guten Geschmack und auf Ihre Klugheit in Beziehung auf die Schicklichkeit des Textes. Lassen Sie gleich die Partitur dem Kopisten geben.«

Ich lief eiligst zu Mozart, aber noch hatte ich nicht geendigt, ihm diese frohe Nachricht mitzuteilen, als ihm schon ein Lakai ein Billet überbrachte, welches den kaiserlichen Befehl enthielt, sich sogleich mit der Partitur in der Burg einzufinden. Er gehorchte sofort dem kaiserlichen Befehl und ließ einige Stücke aus der Oper hören, die dem Kaiser außerordentlich gefielen, ich darf selbst ohne alle Übertreibung sagen, die ihn ganz in Erstaunen setzten. Er hatte in der Musik sowohl als in allen schönen Künsten einen auserlesenen guten Geschmack. Die außerordentlich gute Aufnahme, welche diese Oper in der ganzen Welt fand und selbst heutigen Tages noch findet, ist der genügendste Beweis, daß er sich in seinem Urteil nicht betrogen hatte... Diese Nachricht gefiel allen anderen Komponisten in Wien nicht...

Mozarts Oper wurde indessen gegeben, und trotz aller
»Wir werden sehen«, »Wir werden hören«, der anderen
Kapellmeister und ihrer Anhänger, trotz dem Herrn Grafen, dem Casti und tausend Teufeln, gefiel sie allgemein
und wurde von dem Monarchen und von allen anderen
wirklichen Kennern für ein außerordentlich schönes, für
ein himmlisches Meisterwerk gehalten. Auch das Libretto fand man schön und mein keuscher Kritiker war
der erste, es zu loben und auf seine Schönheiten aufmerksam zu machen. Aber worin bestanden diese Schönheiten? Es ist wahr, daß es zwar nur eine Übersetzung der
Komödie von Beaumarchais ist; aber es hat schöne Verse
und enthält auch einige schöne Arien und dergleichen...

*

Kavatine des Figaro

Will der Herr Graf
Ein Tänzchen nun wagen,
Mag er's nur sagen,
Ich spiel' ihm auf.
Soll ich im Springen
Unterricht geben,
Auf Tod und Leben
Bin ich sein Mann.
Ich will ganz leise,
Listigerweise
Von dem Geheimnis
Den Schleier ziehn.

Mit feinen Kniffen,
Mit starken Griffen,
Heute mit Schmeicheln,
Morgen mit Heucheln
Werd' seinen Ränken
Ich kühn widerstehn.

*

Arie der Susanne

O säume länger nicht, geliebte Seele,
Sehnsuchtsvoll wartet deiner hier die Freundin.
Noch leuchtet nicht des Mondes Silberfackel.
Ruh und Frieden herrschen auf den Fluren.
Des Westwinds Säuseln
Und des Baches Rieseln
Wiegt die Herzen in süße Wonneträume.
Der Blumen Fülle duftet auf den Wiesen,
Alles lockt uns zu Liebe, Freud' und Wonne.
Komm doch, mein Trauter,
Laß länger mich nicht harren,
Daß ich mit Rosen kränze dein Haupt!

Julius Moshage

Fernfahrt mit dem ersten Auto

Eugen Benz, geboren am 1. Mai 1873, auf großer Fahrt mit Mutter und Bruder Richard.

»Weischt, Mutter, wenn de Oma sehe könnt, wie unser Motorwage läuft, die tät hochhopse vor Freud«, so sagte der fünfzehnjährige Eugen Benz eines schönen Tages ganz harmlos. Und der um ein Jahr jüngere Bruder Richard bestätigte das im Brustton der Überzeugung.

»Freili, de Großmutter tät sich arg freue, wann se de Motorwage sehe könnt«, läßt die Mutter ihre Gedanken lautwerden.

Kaum hat sie ausgesprochen, hängen ihr die beiden Buben am Hals und betteln, daß sie mitmachen soll bei einer Fahrt mit dem Motorwagen nach Pforzheim zur Großmutter. Freilich wissen sie, daß Papa Benz eine solch weite Fahrt niemals erlauben wird. Er ist viel zu vorsichtig, und darum wird ja auch seine große Erfindung nicht bekannt in der weiten Welt. Hat nicht die Mutter selbst vor wenigen Tagen gesagt, daß etwas geschehen müsse?

Die Mutter weiß, was der Wagen leistet, und daß sie, der Eugen und der Richard, mit dem Wagen genausogut umzugehen verstehen wie der Vater. Das Ende vom Lied ist eine Verschwörung gegen Papa Benz: Gleich in den ersten Ferientagen werden die drei zur Großmutter nach Pforzheim fahren, angeblich mit der Bahn, in Wirklichkeit aber mit dem Motorwagen.

Der ahnungslose Carl Benz hat nichts dagegen, daß

81

seine Frau mit den beiden Buben eine Ferienwoche bei der Großmutter verleben will. Daß sie den Frühzug zu benutzen gedenken, ist weiter nicht verwunderlich, und so bleibt der Vater ruhig im Bett, als die drei Verschwörer eines schönen Augusttages in der Frühe um fünf losziehen. Heimlich haben Eugen und Richard den Wagen gerichtet. Um ja den Vater nicht vorzeitig auf den Plan zu rufen, schieben sie das leichte Wägelchen mit vereinten Kräften ein Stückchen, bis man sicher ist, daß das Anwerfen des Motors den Vater nicht wecken wird. Der Motor springt willig an, und nun klettern unsere Fernfahrer wohlgemut auf ihre Sitze: Eugen hinter das Steuer, die Mutter neben ihn und Richard auf den kleinen Kindersitz.

Anfangs geht alles wunderschön. In der Morgenfrühe ist wenig Verkehr auf der Straße, und so brausen sie mit Vollgas dahin. Sicherlich sind sie zeitweise mit über 15 Stundenkilometer gefahren, denn nach einer knappen Stunde schon fahren sie in das erwachende Heidelberg.

Wie soll es nun weitergehen? Unsicher hält Eugen am Straßenrand. Vorsorglich wird Richard losgeschickt, Neckarwasser zu holen, denn sie wissen ja, daß der Motor etwa alle 20 Kilometer frisches Kühlwasser braucht. Derweilen steigt Mutter Benz vom hohen Kutschsitz und sieht sich nach jemandem um, der ihr Auskunft über den einzuschlagenden Weg geben kann. Eben tritt ein biederer Handwerksmeister auf die Straße, um ein wenig ins Wetter zu schauen.

»Nach Pforze welle Se? Oje, des isch aber weit!« meint er. »Am beschten fahre Se über Wiesloch, Langenbrükken nach Bruchsal un nehme do die Stroße links über Brette.«

Mutter Benz als Pforzheimer Kind kennt den kaum 20 Kilometer von ihrer Heimat entfernten Ort und die bergigen Straßen dort. So fragt sie zaghaft: »Müsse mer über Brette fahre? Es sin da allweil so harte Steig.«

»Ah noi!« meint ihr Wegweiser überlegen. »Die Steig sin nit so arg, wann Se gute Gäule hen.«

Mutter Benz bedankt sich für die Auskunft und geht zum Wagen zurück. Der biedere Meister sieht ihr aufmerksam nach, und er wundert sich nicht wenig, als die Leute in die Kutsche steigen, ohne Pferde vorzuspannen. Dann kriegt er einen Mordsschreck: Plötzlich fängt der Wagen an zu knattern und rattert davon, ganz ohne Pferde, aber unter Hinterlassung einer blauen Rauchfahne, die arg stinkt.

In flotter Fahrt wird Wiesloch erreicht. Hier muß die erste Tankpause eingelegt werden. Während Eugen den Riemen kürzt, der sich bei der bisherigen Fahrt arg gelängt hat, daß er auf der Scheibe rutscht, und Richard wieder frisches Kühlwasser besorgt, marschiert Mutter Benz zur Apotheke, um nach »Ligroin« zu fragen. So nannte man damals das Benzin, das man nur in Apotheken kaufen konnte. Mutter Benz freut sich daher, als der Apotheker ihre Frage nach Ligroin bejaht und freundlich sagt, wieviel es sein solle.

»Kann ich zehn Liter habe?« fragt sie zaghaft. Der Apotheker zieht erstaunt die Augenbrauen hoch, sagt dann aber, es sei gut, er werde zehn Liter Ligroin richten. »Aber nicht jetzt gleich, vielleicht in zehn Tagen!«

Damit ist Mutter Benz nicht gedient, und als sie dem Apotheker begreiflich gemacht hat, warum sie das Ligroin sofort braucht, gibt er ihr fast seinen ganzen Vorrat, etwa drei Liter. Das ist nicht eben viel, und sie werden auf der weiteren Fahrt fleißig nach Apotheken ausschauen müssen, wenn ihre Fernfahrt nicht ein vorzeitiges Ende nehmen soll.

Der Wagen rattert weiter in Richtung Bruchsal. Aber gleich hinter Wiesloch beginnt die buckelreiche Bergstraße, und an der ersten größeren Steigung bleibt der Motorwagen elend stecken. Mutter Benz und Eugen müssen aussteigen und schieben, indes der leichte Richard sich hinter das Steuer klemmt. So wird der Motorwagen den Berg hochgequält.

Bergunter kommt der Wagen so in Schwung, daß der jetzt wieder steuernde Eugen mit aller Gewalt die Handbremse ziehen muß. Die Bremse raucht gewaltig, und als sie im Tal anlangen, ist der Lederbelag der hölzernen Bremsklötze völlig verschmort.

Zum Glück sind sie eben in einem kleinen Dorf angelangt, und sie fragen sich nach dem Dorfschuster durch. Natürlich geleitet sie die halbe Dorfbevölkerung, und der Schuster ist nicht wenig erschrocken, als das knatternde Ungetüm vor seinem Häuschen hält und er die Menge Menschen drum herum sieht. Aber schnell begreift er, was man von ihm will. Fix nagelt er neue Lederflecke auf die Bremsklötze, und schon kann es weitergehen.

Bergauf muß wieder geschoben werden, und das kostet manchen Tropfen Schweiß, zumal der Motor jetzt unregelmäßig arbeitet. Schließlich hocken sich die beiden Jungen unter den Wagen und untersuchen den Motor. Bald haben sie den Fehler gefunden: ein Ventilflansch ist undicht geworden.

Was nun? Dichtungsmaterial haben sie nicht mitgenommen. Schließlich hat Mutter Benz den rettenden Gedanken: sie opfert ihr Strumpfband.

Nun ist der Motor wieder zufrieden, und sie erreichen mit vereinten Kräften die Höhe. Bergab wagt Eugen die Bremse jetzt nur leicht anzuziehen, und so braust der Wagen dahin wie geschmiert. Ein nichtsahnend dahergehender Bauer springt entsetzt zur Seite.

So geht es schlecht und recht über mehrere Hügel hinweg, aber obwohl die Bremse sehr geschont wird, muß doch bald wieder ein Dorfschuster in Tätigkeit treten. Natürlich sammelt sich wieder alles, was Beine hat, um den Wunderwagen.

In Langenbrücken und Bruchsal können sie in den dortigen Apotheken nochmals tanken, so daß es sicher ist, daß der Kraftstoff bis Pforzheim reicht. Jetzt läßt es der Mutter aber keine Ruhe mehr: Von Bruchsal aus telegrafiert sie nach Mannheim, daß sie mit dem Wagen fortgefahren und glücklich in Bruchsal angekommen seien. Ganz sicher wird Papa Benz erleichtert aufgeatmet haben, als er dieses Telegramm erhielt, denn bestimmt hatte er das Fehlen des Motorwagens längst bemerkt.

Da Mutter Benz der Fahrt über Bretten nicht wagen will, nachdem der Motorwagen die bisherigen »Bergprüfungen« so schlecht bestanden hat, wird die Straße nach Durlach eingeschlagen. Der Motor läuft noch immer wie ein Uhrwerk, nur nicht so leise. Sieht man von den Aufenthalten infolge Riemenkürzen und Kühlwasser-Erneuern ab, dann hat er nur noch einmal gebockt. Aber die Jungen haben gleich spitz, was ihm fehlt. Ein Ventil ist verstopft, und mit Mutters Hutnadel ist der Schaden schnell behoben.

Hier auf dieser abgelegenen Strecke erregt der »Teufelswagen« ganz besonderes Aufsehen. In Wilferdingen wird im Gasthaus zur Post gevespert, und dann geht es durch das Pfinztal auf Pforzheim zu.

Obwohl es inzwischen dunkel geworden ist, gibt es dort einen gewaltigen Menschenauflauf. Im Triumphzug wird der Motorwagen zum Leopoldplatz geleitet, und Mutter Benz freut sich wie ein Schneekönig, Eugen und Richard natürlich auch.

Da sie die Großmutter zu nachtschlafender Zeit nicht mehr überfallen wollen, übernachten sie im Gasthaus »Zur Post«. Das Nachtessen schmeckt unseren Abenteurern, die an einem einzigen Tage an die 90 Kilometer zurückgelegt haben, großartig. Jubelnd schicken sie dem Vater ein zweites Telegramm: »Sind gut in Pforzheim angekommen.«

Am andern Morgen gibt es in der Ispringer Straße bei der Großmutter einen freudigen Empfang. In all das Erklären und Erzählen hinein platzt ein Telegramm aus Mannheim. Erwartungvoll schauen Eugen und Richard der Mutter über die Schulter, als diese rasch die Hülle aufreißt; sicher gratuliert der Vater zu der großen Leistung. Aber ganz kurz und brummig heißt es da: »Schickt sofort als Expreß die eingefahrenen Ketten für den Ausstellungswagen.«

Betreten schauen die drei sich an: Daran hatten sie freilich nicht gedacht, daß der Vater die gut eingefahrenen Gelenkketten für den zur Münchener Ausstellung bestimmten Wagen gebrauchen könnte. Recht hat der Vater ja: die neuen Ketten machen im Anfang immer allerlei Schwierigkeiten, die es bei dem Ausstellungswagen einfach nicht geben darf. So machen sich denn die beiden Buben daran, die Gelenkketten zu demontieren. Es tut ihnen in der Seele weh, daß sie ihren braven Wagen so verstümmeln müssen.

Um so größer ist der Jubel am nächsten Tag. Der Vater ist doch wohl stolz auf die Leistung der drei Ausreißer und seines Wagens. Er schickt als Expreßgut neue Ketten, die Eugen und Richard eilends aufmontieren. Diese Ketten knarren zwar ein wenig, aber der Wagen kann doch wieder laufen, und das ist die Hauptsache.

Der bisherige Erfolg hat die drei Fernfahrer übermütig gemacht: Für die Rückfahrt wird der Weg über Bretten gewählt. Aber o weh! gleich hinter Eutingen bleibt der Wagen wieder am Berge stecken. Mutter Benz und Eugen müssen absteigen und schieben.

Abgesehen von den kleinen Aufenthalten, die durch Tanken, Kühlwasser-Erneuern und dergleichen bedingt sind, geht die Fahrt jetzt reibungslos vonstatten. Da sie die buckelreiche Strecke über Wiesloch vermeiden und statt dessen über Wiesental heimfahren, kommen sie zu guter Zeit in Mannheim an. Papa Benz empfängt sie freudig und stolz; er glaubt jetzt wieder an seinen Motorwagen.

Das war die erste Auto-Fernfahrt der Welt, gefahren von einer mutigen Frau und ihren halbwüchsigen Söhnen – eine wirkliche Pioniertat!

Zwölf Jahre später, am 30. Mai 1900 wurde auf derselben Strecke eine Erinnerungsfahrt gestartet. Jetzt gab es schon einen Benz-Rennwagen, der die 165 Kilometer lange Gesamtstrecke in drei Stunden und 51 Minuten zurücklegte.

Bericht des »Neuen Münchener Tageblatts«
über eine Probefahrt
des verbesserten Benz-Autos

(Anläßlich der Kraft- und Arbeitsmaschinen-Ausstellung 1888
in München.)

Selbstfahrender Wagen

Wohl selten oder noch nie bot sich den Passanten in den
Straßen unserer Stadt ein verblüffenderer Anblick als im
Laufe des Samstagnachmittags, wo von der Sendlinger-
straße über den Sendlingertorplatz, durch die Herzog
Wilhelmstraße in strengem Laufe ein sogenanntes Ein-
spänner-Chais'chen ohne Pferd und Deichsel mit aufge-
spanntem Dache, unter welchem ein Herr saß, auf drei
Rädern – ein Vorder- und zwei Hinterräder – dem Innern
der Stadt zueilte... Ohne eine bewegende Kraft durch
Erzeugung von Dampf, ohne die Kraftanstrengung der
Füße von seiten des Fahrgastes, wie bei den Velozipeden,
rollte der Wagen, ohne Anstand Kurven nehmend und
den entgegenkommenden Fuhrwerken und den verschiedenen Fußgängern ausweichend, dahin, gefolgt von einer
Zahl atemlos nacheilender junger Leute. Die Bewunderung sämtlicher Passanten, welche sich momentan über
das ihnen gebotene Bild kaum zu fassen vermochten, war
ebenso allgemein als groß. Der unter dem Sitze ange-
brachte Benzin-Motor ist die bewegende Kraft, die sich
nach dem eigenen Augen gesehenen, gelungenen Versuchen auf verkehrsreichen Straßen aufs beste bewährt hat.

Giovannino Guareschi (1908)

Die Prozession

Jedes Jahr im Frühling trug man in der Prozession den gekreuzigten Christus vom Hauptaltar, und der Umzug ging bis zum großen Damm, wo die Segnung der Gewässer stattfand, damit der Fluß keine Dummheiten anstelle und sich anständig benehme.

Auch diesmal schien alles in Ordnung zu gehen, und Don Camillo dachte gerade an die letzten Einzelheiten der Veranstaltung, als plötzlich im Pfarrhaus Brusco erschien.

»Der Sektionssekretär«, sagte Brusco, »schickt mich, um Ihnen mitzuteilen, daß an der Prozession die gesamte Sektion mit Fahne teilnehmen wird.«

»Ich danke dem Sekretär Peppone«, antwortete Don Camillo. »Ich werde mich freuen, wenn alle Männer der Sektion anwesend sein werden. Es ist jedoch notwendig, mir die Liebenswürdigkeit zu erweisen und die Fahne zu Hause zu lassen. Politische Fahnen dürfen bei religiösen Umzügen nicht erscheinen. Das sind Befehle, die ich erhalten habe.«

Brusco ging, und ein wenig später kam Peppone, rot im Gesicht und mit Augen, die aus den Höhlen springen wollten. »Wir sind Christen wie alle anderen!« schrie Peppone, indem er das Pfarrhaus betrat, ohne überhaupt anzuklopfen. »Worin sind denn wir anders als alle anderen?«

»Darin, daß ihr in des anderen Haus kommt, ohne den Hut abzunehmen«, antwortete Don Camillo.

Wütend nahm Peppone den Hut ab.

»Jetzt bist du allen anderen Christen gleich«, sagte Don Camillo.

»Warum können wir nicht mit unserer Fahne an der Prozession teilnehmen?« schrie Peppone. »Was stimmt mit unserer Fahne nicht? Ist es vielleicht eine Fahne der Diebe und Mörder?«

»Nein, Genosse Peppone«, erklärte Don Camillo, indem er eine Zigarre anzündete. »Es ist eine Parteifahne. Das geht nicht. Hier handelt es sich um Religion, nicht um Politik.«

»Dann müssen auch die Fahnen der Katholischen Aktion wegbleiben!«

»Warum denn? Die Katholische Aktion ist keine politische Partei, so sehr es richtig ist, daß ich persönlich ihr Sekretär bin. Ich kann sogar dir und deinen Genossen raten, euch bei uns einschreiben zu lassen.«

Peppone grinste.

»Wenn Sie ihre schwarze Seele retten wollen, dann müssen Sie sich bei unserer Partei einschreiben lassen!«

Don Camillo breitete die Arme aus.

»Machen wir es so«, erwiderte er lächelnd, »jeder bleibt, wo er ist, und des anderen Freund wie früher.«

»Ich und Sie, wir waren niemals Freunde«, behauptete Peppone.

»Auch nicht, als wir zusammen im Gebirge waren?«

»Nein! Das war nur ein einfaches strategisches Bündnis. Um des Sieges willen kann man sich auch mit den Pfaffen verbünden.«

»Schon gut«, sagte ruhig Don Camillo. »Wenn ihr aber zur Prozession kommen wollt, dann laßt die Fahne zu Hause.«

Peppone preßte die Zähne aufeinander.

»Wenn Sie glauben, hier den Duce spielen zu können. dann irren Sie, Hochwürden!« rief Peppone aus. »Entweder mit unserer Fahne oder überhaupt keine Prozession.«

Don Camillo ließ sich nicht beeindrucken. »Es wird ihm schon vergehen«, sagte er zu sich selbst. Und tatsächlich, in den drei letzten Tagen vor dem Sonntag hörte man nichts mehr von dieser Angelegenheit. Sonntag aber, eine Stunde vor der Messe, kamen erschrockene Leute ins Pfarrhaus. An diesem Morgen waren Peppones Leute in allen Häusern erschienen, um alle davor zu warnen, zur Prozession zu gehen, weil das hieße, sie gingen ins eigene Verderben.

»Mir haben sie es nicht gesagt«, erwiderte Don Camillo.

»Infolgedessen geht mich das nichts an.«

Die Prozession sollte nach der Messe stattfinden. Während Don Camillo in der Sakristei war und die heiligen Gewänder anlegte, kam eine Gruppe von Leuten zu ihm.

»Was sollen wir tun?« fragten sie ihn.

»Die Prozession wird abgehalten«, erwiderte ruhig Don Camillo.

»Die sind aber imstande, Bomben auf den Umzug zu werfen!« hielt man ihm entgegen. »Sie können die Gläubigen nicht dieser Gefahr aussetzen. Unserer Meinung nach müßte man die Prozession aufschieben, die öffentlichen Sicherheitsorgane in der Stadt verständigen und dann erst die Prozession abhalten, wenn genug Karabinieri aus der Stadt kommen, um die Sicherheit der Leute garantieren zu können.«

»Richtig«, bemerkte Don Camillo. »Inzwischen

könnte man es den Märtyrern der Religion weismachen, daß sie sehr schlecht getan haben, indem sie sich so benahmen, wie sie sich benommen haben, und daß sie – anstatt den christlichen Glauben zu predigen, als er noch verboten war – hätten warten sollen, bis die Karabinieri kommen.«

Daraufhin zeigte Don Camillo den Anwesenden, wo sich die Türe befindet, und diese gingen brummend von dannen. Dann betrat eine Gruppe von alten Leuten die Kirche.

»Wir gehen, Don Camillo«, sagten sie.

»Ihr geht sofort nach Hause!« antwortete Don Camillo. »Gott wird euren Willen als Werk anrechnen. Das ist aber jetzt gerade ein solcher Fall, wo alte Leute, Frauen und Kinder nichts zu suchen haben.«

Ein Häuflein Menschen war vor der Kirche geblieben, als sie aber vom Ort her Schüsse hörten (es war nur Brusco, der zur Demonstration seine Maschinenpistole gurgeln ließ und in die Luft schoß), zerstreuten sich auch diese, und als Don Camillo im Kirchentor erschien, fand er den Platz leer und rein wie einen Billardtisch vor.

»Gehen wir also, Don Camillo?« fragte in diesem Augenblick Christus vom Hauptaltar. »Der Strom muß jetzt herrlich sein in dieser prallen Sonne. Ich möchte ihn wirklich gerne sehen.«

»Jawohl, wir gehen«, antwortete Don Camillo. »Erwäge aber, daß diesmal wahrscheinlich nur ich an der Prozession teilnehmen werde. Wenn Du Dich damit zufrieden gibst...«

»Don Camillo allein ist fast schon zuviel«, sagte lächelnd Christus.

Don Camillo warf rasch den Lederriemen mit der Stütze für das Kreuz um, holte das riesige Kruzifix vom Altar, steckte es in den Köcher ein und seufzte schließlich:

»Dieses Kreuz, man hätte es auch eine Kleinigkeit leichter machen können.«

»Mir sagst du das«, antwortete lächelnd Christus, »der ich es tragen mußte und nicht solche Schultern hatte wie du.«

Wenige Minuten später trat Don Camillo feierlich durch das Kirchentor hinaus, das riesige Kreuz tragend.

Der Ort war leer. Die Leute blieben aus Angst in ihren Häusern verkrochen und spähten nur durch die Jalousienspalten. »Das erinnert an jene Mönche, die allein mit einem schwarzen Kreuz herumliefen in den Straßen der durch Pest ausgestorbenen Städte«, bemerkte Don Camillo für sich selbst. Dann fing er an, mit seiner prächtigen Baritonstimme Psalmen zu singen, und die Stimme wuchs in dieser Stille ins Riesenhafte.

Er überquerte den Platz und ging weiter mitten durch die Hauptstraße, und hier war auch alles nur Stille und Wüste. Ein kleiner Hund kam aus einer Seitengasse und lief schön brav hinter Don Camillo her.

»Weg von hier!« brummte Don Camillo.

»Laß ihn«, flüsterte aus der Höhe Christus. »So wird Peppone nicht sagen können, daß nicht einmal ein Hund an der Prozession teilgenommen habe.«

Die Straße machte eine Biegung, dann waren die Häuser zu Ende und noch weiter zweigte ein Weg ab, der zum Damm führte. Bei der Biegung angelangt, fand Don Camillo plötzlich die Straße versperrt vor.

Zweihundert Männer hatten die Straße in ihrer ganzen Breite blockiert und standen jetzt da, schweigend, mit gespreizten Beinen und verschränkten Armen, allen voran Peppone, die Hände in die Hüften gestützt.

Don Camillo wäre gerne ein Panzerwagen gewesen. Er konnte aber nichts anderes als Don Camillo sein, und als er nur noch einen Meter von Peppone entfernt war, blieb er stehen. Dann nahm er das riesige Kruzifix aus dem Lederköcher und hob es über seinen Kopf wie eine Keule.

»Jesus«, sagte Don Camillo, »halte Dich fest, weil ich zuschlage!«

Es war aber nicht nötig, weil die Leute plötzlich die Lage verstanden und zu den Gehsteigen rückten, so daß sich in der Menge wie durch ein Wunder eine Straße öffnete.

Mitten auf der Straße blieb nur Peppone, die Hände in den Hüften, die Beine weit gespreizt. Don Camillo steckte das Kruzifix wieder in den Riemen ein und ging schnurgerade auf Peppone zu.

Und Peppone wich aus.

»Nicht Ihretwegen, Seinetwegen rühre ich mich von diesem Fleck«, sagte Peppone, auf das Kruzifix zeigend.

»Nimm den Hut vom Hohlkopf ab«, antwortete Don Camillo, ohne ihn eines Blickes zu würdigen.

Peppone nahm den Hut ab, und Don Camillo ging feierlich durch Peppones Leute.

Als er auf den Damm gelangte, blieb er stehen.

»Jesus«, sagte laut Camillo, »wenn in diesem Drecknest die Häuser der wenigen anständigen Leute schwimmen könnten wie die Arche Noahs, würde ich zu Dir beten, ein solches Hochwasser kommen zu lassen, daß es den Damm zerstört und den ganzen Ort überschwemmt. Da aber die wenigen anständigen Leute in genau solchen Häusern leben wie alle diese Schädlinge und weil es nicht gerecht wäre, daß die Guten wegen der Sünden der Bösen von der Art des Bürgermeisters Peppone und seiner ganzen Horde von gottlosen Räubern leiden, bete ich zu Dir, daß Du den Ort vor den Gewässern retten und ihm Glück und Segen erteilen mögest.«

»Amen«, erwiderten im Chor, hinter dem Rücken Don Camillos, Peppones Leute, die dem Kruzifix gefolgt waren.

Don Camillo machte sich auf den Rückweg, und als er zur Kirche kam und sich umdrehte, so daß Christus dem in der Ferne liegenden Strom seinen letzten Segen erteilen könne, erblickte er vor sich den kleinen Hund, Peppone, Peppones Leute und alle Einwohner des Ortes. Den Apotheker mit einbegriffen, der Atheist war, der aber dachte, daß er, potztausend, niemals einen solchen Priester gesehen habe wie Don Camillo, der es sogar verstand, selbst Gottvater sympathisch zu machen.

Aus »Don Camillo und Peppone«, Übersetzung von Alfons Dalma, mit freundlicher Genehmigung des Otto Müller Verlages, Salzburg

Mit eilenden Wolken
Der Vogel dort zieht
Und singt in der Ferne
Ein heimatlich Lied.

So treibt es den Burschen
Durch Wälder und Feld,
Zu gleichen der Mutter,
Der wandernden Welt.

Justinus Kerner

Der Mai ist gekommen

1. Der Mai ist ge - kom - men, die Bäu - me schla - gen aus,
da blei - be, wer Lust hat, mit Sor - gen zu Haus.

Wie die Wol - ken dort wan - dern am himm - li - schen

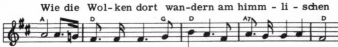

Zelt, so steht auch mir der Sinn in die wei - te, wei - te Welt.

2. Herr Vater, Frau Mutter, daß Gott euch behüt!
Wer weiß, wo in der Ferne mein Glück mir noch blüht.
Es gibt so manche Straße, da nimmer ich marschiert;
es gibt so manchen Wein, den ich nimmer noch probiert.

3. Frisch auf drum, frisch auf drum im hellen Sonnenstrahl,
wohl über die Berge, wohl durch das tiefe Tal!
Die Quellen erklingen, die Bäume rauschen all;
mein Herz ist wie 'ne Lerche und stimmet ein mit Schall.

4. Und abends im Städtchen, da kehr ich durstig ein.
„Herr Wirt, Herr Wirt, eine Kanne blanken Wein!"
Ergreife die Fiedel, du lustger Spielmann du,
von meinem Schatz das Liedel, das singe ich dazu!

5. Und find ich keine Herberg, so lieg ich zur Nacht
wohl unterm blauen Himmel, die Sterne halten Wacht;
im Winde die Linde, die rauscht mich ein gemach,
es küßt in der Frühe das Morgenrot mich wach.

6. O Wandern, o Wandern, du freie Burschenlust!
Da wehet Gottes Odem so frisch in der Brust,
da singet und jauchzet das Herz zum Himmelszelt:
Wie bist du doch so schön, o du weite, weite Welt!

Melodie von Wilhelm Lyra, Text von Emanuel Geibel

Das persönliche Horoskop
*Astrologische Charakterkunde für
den ausdauernden und zielstrebigen Stier
2. Dekade vom 1.–10. Mai*

Ihr persönlicher Weg zum Glück

Sie muß man einfach mögen. Sie sind als klassischer Stier der zweiten Dekade warmherzig und stark humanistisch gesinnt. Sie haben einen gesunden Menschenverstand und sind praktisch veranlagt, werden aber niemals zu nüchtern. Dafür sorgt schon Ihre Neigung zur Kunst. Sie bringen die nötige Einstellung für Liebe, Schönheit und Harmonie mit und übertragen Ihren starken Bezug zur Natur und zur Erde auch auf andere. Sie stellen eine gute Mischung aus Ausdauer, Geduld, Fürsorge und solidem Lebensstil dar. Und Sie haben immer ein Auge für die notwendigen materiellen Dinge des Daseins. Daraus ersieht man, daß sich für Sie astrologisch eine Menge Chancen bieten. Wenn Sie also das Beste aus sich machen wollen, müssen Sie nur diszipliniert an sich arbeiten. Die Sterne künden Ihnen schließlich kein unabwendbares Schicksal, sie sind Ihnen aber eine echte Lebenshilfe, die Ihnen den für Sie optimalen Weg zeigen.

Für ein glückliches und ausgeglichenes Dasein spielen ganz bestimmte Farben in Ihrem Leben eine dominierende Rolle. Als Stier-Geborener der zweiten Dekade werden Sie besonders von vier recht verschiedenen Farben positiv beeinflußt. Diese Farben sind: Saftiggrün, Hellblau, Rot sowie ein sonniges Gelb. Sie vermitteln Ihnen Wohlbefinden und gute Stimmung. Denken Sie vor allem beim Einrichten Ihrer Wohnung daran.

Die Glückszahl des klassischen Stier-Geborenen der zweiten Dekade ist die Sechs. Sie fühlen sich oft im Leben ganz unbewußt zum Sechseck – der Venusfigur – hingezogen. Besonders kommt das bei Ornamenten oder bei Schmuckgegenständen zum Ausdruck. Im Leben des Stier-Geborenen spielt die Sechs oft eine atemberaubend entscheidende Rolle.

Ihr Glücksmetall, das Ihnen astrologisch zugeordnet ist und das Ihren Organismus besonders positiv beeinflußt, ist mit Abstand das Kupfer. Es handelt sich dabei um ein Venus-Metall. Mancher astrologisch aufgeschlossene Mediziner rät dem Stier im Fall bestimmter Unpäßlichkeiten und Krankheiten das Tragen eines Kupferarmbandes, weil der Stier auf derartig lindernde Strahlung anspricht.

Unter den Glückssteinen bringen Ihnen alle diejenigen Erfolg und Stimmung, die in Ihren Lieblingsfarben schimmern. Hauptsächlich aber sprechen Sie auf den Saphir an. Einen überaus guten Einfluß im Schmuckbereich üben auch die Korallen und die Perlen auf Sie aus.

Unter den Pflanzen passen am besten Rosen und Lilien zu Ihnen. Sie sorgen für besondere innere Harmonie.

Wenn Sie einen Weg voll Glück gehen wollen, dann umgeben Sie sich zu allen möglichen Gelegenheiten mit Musik. Sie haben da meist einen breitgestreuten Geschmack. Sie mögen besonders Musik von Mozart und alles Klassische, das leicht ins Ohr geht. Auf dem Gebiet der Unterhaltungsmusik zählen Schlager und Volksmusik zu Ihren Favoriten. Für avantgardistische Musik müssen Sie meist sehr großes Verständnis mitbringen oder sich besonders viel Zeit zum Kennenlernen nehmen. Ebenso wie die Musik, brauchen Sie schöne Bilder um sich. Farbenfrohe Bilder versetzen Sie in bessere Stimmung. Darum tut Ihnen ja auch der Besuch in einer Bildergalerie oder in einem entsprechenden Museum besonders gut. Auch schöne Photographien können Sie sehr begeistern.

Der klassische Stier-Geborene der zweiten Dekade ist heiter und lacht gern. Und er steckt damit auch andere an. Daher bevorzugt er auch beim Fernsehprogramm und im Kino die Unterhaltung. Schauen Sie sich einen Film nur dann an, wenn er ein Spaß zu werden verspricht. Nur dann werden Sie restlos zufrieden sein. Die treuesten Fans von Luis de Funes, Bob Hope und Otto sowie Emil sind unter den Stier-Geborenen zu finden.

Sie brauchen im Leben auch Zeit zum ruhigen Nachdenken. Da muß man Sie in Ruhe lassen. Darauf sollten Sie konsequent bestehen. Sie benötigen diese geistige und körperliche Entspannung für Ihren Lebensrhythmus und für Ihre Erfolge. Sie leisten mehr, wenn Sie sich bis tief in Ihre Seele auf eine Aufgabe allein vorbereiten können. Gewöhnen Sie sich an, alle jene zu loben und zu belohnen, die Ihren fruchtbaren und so notwendigen Denkprozeß nicht stören.

Sie haben eine besondere Leidenschaft: Ihr Bankkonto. Für andere Tierkreiszeichen mag das vielleicht eine Alltäglichkeit sein. Für Sie nicht. Das Bankkonto und die positiven Bewegungen darauf gehören für Sie zum höchsten Glück auf Erden. Allein der regelmäßige Besuch bei Ihrem Geldinstitut versetzt Sie in eine eigenartige Genußstimmung. Sie lieben den Umgang mit Geld, empfinden ein prickelndes Erlebnis dabei. Lassen Sie sich diese Freude nicht nehmen. Sie spornt Sie obendrein zum Erfolg an.

Um innere Kraft aufzutanken, brauchen Sie als klassischer Stier-Geborener der zweiten Dekade regelmäßig den intensiven Kontakt zur Natur. Unternehmen Sie daher regelmäßige Spaziergänge im Grünen, und absolvieren Sie dort Atemübungen, um die Lungen in Schwung zu bringen. Der Stier-Geborene braucht in seiner aktiven Zeit besonders viel Sauerstoff.

Für all Ihre Unternehmungen brauchen Sie Ruhe. Sie hassen überstürzte Pläne, Hast und Eile beim Überlegen. Überstürztes Handeln bringt Sie in Panikstimmung. Überschlafen Sie daher alles, was man an Sie heranträgt. Luftschlösser, romantische Träume, Hirngespinste: Das ist alles nichts für Sie. Sie stehen mit beiden Beinen im Leben und peilen nur realisierbare Ziele an. Ihre Romantik äußert sich in der Sehnsucht nach sehr greifbaren, irdischen Freuden und schönen, angenehmen Sinneseindrücken. Vielleicht ist es deshalb gerade so typisch, daß der Stier-Geborene der zweiten Dekade eine Schwäche für Wohlgerüche zeigt. Er umgibt sich gern mit guten Düften, sei es ein Parfum oder eine herrliche Speise. Sie sind und bleiben eben durch und durch ein Sinnenmensch. Sie machen sogar aus einer Mahlzeit eine Festzeremonie, was für Körpergewicht und Gesundheit nicht gerade ideal ist. Noch dazu, wo Sie die deftige Hausmannskost besonders lieben.

Nützen Sie Ihre positiven Anlagen

Als klassischer Stier-Geborener der zweiten Dekade faszinieren Sie in Ihrer harmonischen, seelischen Ausgeglichenheit. Sie weisen kolossale Werte an guten Eigenschaften auf. Wenn Sie sich also besonders zusammennehmen und immer an sich arbeiten, dann kommen die positiven Charaktereigenschaften, die in Ihnen schlummern, so richtig zur Entfaltung. Auf diese Weise präsentieren Sie sich als besonders liebenswerter Stier.

Sie müssen einiges dazu tun, um der Umwelt und Ihren Mitmenschen gegenüber optimal aufgeschlossen zu sein. Das fördert Ihre Liebe zur Kommunikation. Fast alle Ihre Beziehungen sind herzlich, denn Sie befassen sich liebevoll mit allen Leuten, die Ihnen sympathisch sind. In der Partnerschaft können Sie unendlich sinnlich sein, und Sie zeichnen sich durch besondere Treue aus.

Ihre besondere Stärke im Privatleben sowie im Beruf sind Ihre Rechtschaffenheit und Friedfertigkeit. Zu beiden muß man sich gelegentlich sehr aufraffen, weil es die Welt nicht immer verdient, daß man sich derart engagiert. Lassen Sie sich nicht davon abhalten, mit diesen guten Eigenschaften zu brillieren. Sie bleiben am Ende der Sieger. Fördern Sie Ihre soliden Ansichten. Durch eine feinfühlige Geschäftstüchtigkeit werden Sie leicht wohlhabend. Denken Sie in allen Situationen Ihres Lebens möglichst praktisch. Bleiben Sie zuverlässig und großzügig, und halten Sie Ordnung in Ihrem Alltag. Nicht zuletzt liegt Ihr Erfolg in Ihrer Gastfreundlichkeit, Güte und Verträglichkeit. Mit Begabung, Ausdauer und Gründlichkeit schaffen Sie wohlüberlegt viele Hürden.

Vorsicht vor den eigenen Fehlern

Die meisten Pannen passieren im Leben ja doch immer dann, wenn man sich nicht oder zuwenig auf die eigenen negativen Eigenschaften einstellt, wenn man die eigenen Fehler ignoriert. Darum ist es gut, daß uns die Sterne so deutlich darüber aufklären, welche gefährlichen Anlagen in jedem von uns schlummern, die bei mangelnder Disziplin überhandnehmen und uns schaden können.

Wenn Sie als Stier-Geborener der zweiten Dekade nicht beizeiten lernen, im Privatleben und im Beruf auch mal nachzugeben, dann passiert es leicht, daß Sie besonders stur werden und auf andere Meinungen überhaupt nicht mehr eingehen wollen. Diese Unnachgiebigkeit artet dann sogar mitunter in Grobheit aus. Tief drinnen im Stier steckt eine gute Portion Raffgier, die niemals an die Macht kommen darf. Genauso ist es mit der Vergnügungssucht und mit dem Jähzorn. Beobachten Sie sich genau: Schneller als Sie denken, lassen Sie sich von Engstirnigkeit und Kleinlichkeit dirigieren.

In allen extremen Situationen Ihren Lebens sollten Sie sich selbst einer strengen Disziplin unterwerfen, weil Sie mit Ihren Neigungen auch in Zügellosigkeit ausarten können. Das macht Sie dann sehr unsympathisch und stört Erfolge. Ein Stier-Geborener, der sich nicht entsprechend weiterbildet und gewisse Umgangsformen lernt, verfällt in Geschmacklosigkeit. Der ausgesprochen negative Stier-Geborene der zweiten Dekade kann brutal, besitzergreifend in der Liebe, triebhaft, habsüchtig und krankhaft ehrgeizig sein. Nervosität und Verbitterung machen manchen Stier unsympathisch.

Ihre Chancen in Liebe und Ehe

Sie sollten in Liebe und Ehe immer auf Ihre Vernunft bauen. Dann werden Sie niemals einem Partner in die Falle gehen, der es nicht aufrichtig meint und der sich an Ihrer Seite nur eine materielle Zukunft schaffen will. Sie wissen ja im Grunde ganz genau, was Sie sich für einen Menschen an Ihrer Seite wünschen. Sie haben die Gabe, andere Charakterwerte wunderbar einschätzen zu können. Verlassen Sie sich da ruhig auf Ihren sechsten Sinn, auf die innere Stimme. Und obendrein tun Sie gut daran, vor einer festen Bindung entsprechende Erfahrungen zu sammeln. Das läßt Sie natürlich reifen. Gerade als Stier-Geborener der zweiten Dekade könnten Sie sonst eines Tages in die Angst verfallen, Sie hätten etwas versäumt. Das ist Ihr einziger wunder Punkt, der manchen von Ihnen später zu einer Dummheit verleiten könnte. Diese Gefahr besteht bei Frau und Mann.

Sie müssen wissen: Einen Traumpartner, wie Sie ihn sich vorstellen, gibt es nur ganz selten. Sie brauchen zu Ihrem Glück jemanden, der Sie liebt und verwöhnt, der Ihnen aber vor allem die Treue hält. Übersehen Sie bei Ihrem Partner durchaus großzügig verschiedene andere Fehler, wenn er nur treu ist. Eines Tages werden nämlich gerade Sie bemerken: Nichts macht Sie so unglücklich, wie die Treulosigkeit des geliebten Mitmenschen.

Haben Sie einmal den festen Entschluß zu einer ernsten Bindung oder gar einer Ehe gefaßt, so müssen Sie rigoros Selbstdisziplin üben. Sie flirten nämlich schrecklich gern auch weiterhin mit anderen. Das bringt Komplikationen. Der Partner weiß doch nicht, daß Sie ihn dennoch von ganzem Herzen lieben und ihn niemals verlassen wollen. Darum verzichten Sie auf das oberflächliche Vergnügen des Flirts, das für Sie so verhängnisvoll werden kann.

Überstürzen Sie nichts in der Liebe. Sie tragen das richtige Tempo dafür instinktiv in sich. Verlieren Sie niemals die Geduld mit sich selbst. Und verzagen Sie nicht, wenn Sie beim anderen Geschlecht nicht ständig und auf Anhieb ankommen. Sie wirken auf Zeit und überzeugen einen Partner schrittweise. Sie werden in der Liebe immer besser, je länger Sie einen Mitmenschen kennen. Sie können Gefühle, Herz und Sex niemals voneinander trennen. Und das ist gut so. Führen Sie eine einseitige Beziehung nicht weiter. Sie werden dabei auf die Dauer unglücklich. Lassen Sie sich nicht mit Ihren kleinen Schwächen ausnützen. Mit Charme, Zielbewußtheit und guten Manieren kommen Sie am besten voran. Meiden Sie aggressive Partner. Sie kommen mit ihnen auf die Dauer nicht aus. Auch angeberische Mitmenschen sind nicht Ihr Fall. Mann kann Sie lange provozieren, treibt es der Partner aber zu weit, dann können Sie gefährlich explodieren. Seien Sie aber nicht allzuschnell beleidigt, bremsen Sie Ihre zeitweise Eifersucht. Schlucken Sie Kränkungen nicht widerspruchslos. Wehren Sie sich gegen Selbstherrlichkeit des Partners.

Eine ideale Verbindung ergibt sich aus der Zweisamkeit des Stier-Geborenen der zweiten Dekade mit Jungfrau und Steinbock. Sehr gute Erfahrungen werden im Zusammenleben mit Zwilling, Krebs, Fisch und Widder gemacht. Der Wassermann ist dem Stier mitunter zu geruhsam, der Löwe zu herrschsüchtig und selbstsicher.

Der Skorpion kann dem Stier zu spitzfindig werden. Mit Waage und Schütze kann es zu Tiefpunkten und Krisen kommen. Stier und Stier harmonieren nur mit großer Disziplin und Rücksichtnahme.

Sie und Ihre Freunde

Als Stier-Geborener der zweiten Dekade können Sie es ganz und gar nicht leiden, wenn Ihre Freunde Sie drängen. Sie werden da ärgerlich und fühlen sich in Ihrer Freiheit eingeengt. Sie erwarten von Ihren Freunden, daß Sie Geduld bewahren, selbst wenn Sie mitunter etwas schwerfällig sind. Bei wichtigen Anlässen darf man Sie nicht übergehen. Sie können sehr gekränkt sein, wenn man beispielsweise Ihren Geburtstag vergißt. Dazu fordern Sie von Ihren Freunden Ehrlichkeit. Sie vergessen eine Lüge niemals. Sie sind ja auch aufrichtig. Was Sie zu Ihren Freunden sagen, hat immer einen Sinn. Was Sie sich vornehmen, das schaffen Sie. Daher kann man Ihnen auch in scheinbar unmöglichen Dingen voll vertrauen. Sie sehnen sich nach gutgelaunten Menschen und gehen schlechtgelaunten Leuten, ewigen Pessimisten und Miesmachern aus dem Weg. Streit ist Ihnen unter Freunden verhaßt. Sie öffnen absolut nicht gern Ihre Brieftasche, wenn sich jemand Geld von Ihnen leihen will. Sie finden das unter Freunden eher befremdend. Lassen Sie sich aber doch schließlich einmal erweichen, dann erwarten Sie, daß Sie die Summe rasch wieder zurückbekommen. Sonst leidet die Freundschaft darunter. Sie schenken gern, leihen aber ungern etwas her. Sie sind nicht erfreut, wenn Freunde Sie mit Überraschungen überfallen. Sie sind gern auf alles vorbereitet. Flugtickets für den nächsten Tag, Theaterkarten für denselben Abend lehnen Sie ab. Sie brauchen für alles etwas Zeit. Freunde, die Sie mit endlosen Vorträgen und sinnlosem Gerede aufhalten oder die Sie sonstwie strapazieren, haben bei Ihnen wenig Chancen. Sie wollen außerdem von Freunden nicht mit häßlichen und unangenehmen Dingen konfrontiert werden. Dagegen sträubt sich Ihr unendlicher Schönheitssinn.

Ihre beruflichen und finanziellen Chancen

Als Stier-Geborener der zweiten Dekade sind Sie eigentlich immer einer Vielzahl von Berufen aufgeschlossen, weil Ihnen die Arbeit prinzipiell Spaß macht. Ohne Arbeit kämen Sie sich im Grunde genommen verloren vor. Allerdings gibt es doch einige Einschränkungen: Nicht sonderlich glücklich sind Sie für längere Zeit, wenn Sie bei einem Beruf ununterbrochen unterwegs sind und sich täglich unerwarteten Situationen gegenübersehen. Manager eines Weltkonzerns zu sein, der von Kontinent zu Kontinent fliegt, das ist kein Stier-Beruf. Sie leisten mehr im Rahmen eines seßhaften Berufes. Sie hassen es auch, ununterbrochen oder oft riskante Geschäfte eingehen zu müssen. Das verursacht Ihnen auf Dauer Magengeschwüre und Nervenkrisen und nimmt Ihnen mit der Zeit die Lebensfreude.

Wichtig ist, daß Sie als Stier-Geborener der zweiten Dekade bei aller beruflichen Begeisterung nicht die Freizeit vergessen. Das ist bei Ihnen sehr gefährlich. Das Streben nach materiellen Gütern könnte bei Ihnen leicht überhandnehmen und zum alleinigen Inhalt Ihres Daseins werden.

Sehr reizvoll ist es für Sie, einen eigenen Betrieb aufzubauen, weil Sie daran meist wunderbar den Erfolg der eigenen Ideen und des eigenen Fleißes erkennen und messen können.

Als Vorgesetzter ist der Stier-Geborene der zweiten Dekade recht geduldig, sehr verständnisvoll und überaus liebenswürdig, was oft vollkommen mißverstanden wird. Viele Untergebene halten das für eine Schwäche und versuchen ihn auszunützen und auszutricksen. Kommt er aber dahinter, daß man seine Liebe zum Mitmenschen mißversteht und mißbraucht, dann kann er hart durchgreifen. Als Chef wollen Sie in der zweiten Stier-Dekade gern das letzte Wort haben und legen eigentlich keinen Wert auf Neuerungsvorschläge von anderen. Sie überarbeiten sich oft, weil Sie wichtige und verantwortungsvolle Aufgaben nicht delegieren, sondern lieber selbst erledigen. Sie verlangen aufgrund des eigenen Fleißes von Ihren Angestellten gute Leistungen und entlohnen sie auch dafür zufriedenstellend. Und Sie haben jederzeit für die privaten Probleme Ihrer Mitarbeiter ein offenes Ohr. Als Untergebener arbeiten Sie niemals nur wegen des Geldes. Allerdings muß die Entlohnung stimmen. Für gute Bezahlung bieten Sie enorme Leistungen, opfern sich für die Firma auf. Der Stier redet nicht viel herum, sondern arbeitet. Er ist wendig, kommt gut mit allen aus, intrigiert nicht, ist gutmütig, läßt sich aber nicht für dumm verkaufen. Er haßt Diktatoren als Chef.

Ideale Berufe für den Stier-Geborenen der zweiten Dekade – egal ob Mann oder Frau – sind: Tätigkeiten in der Landwirtschaft, in der Forstwirtschaft und in der Gärtnerei; Gutsverwalter, Grundstücksmakler, Künstler in allen Sparten, Photograph, Schriftsteller, Hotelier; Berufe der Gastronomie in allen Variationen; Bäcker, Konditor, Architekt; Berufe der Modebranche, der Juwelier- und Kosmetikindustrie; Jurist, Mediziner, Lehrer und Bankexperte.

Und noch ein Tip: Entscheiden Sie sich nicht zu früh für den Beruf Ihres Lebens. Mancher Stier-Geborene der zweiten Dekade merkt erst später, für welche Tätigkeit sein Herz schlägt.

Tips für Ihre Gesundheit

Gerade Sie als Stier-Geborener der zweiten Dekade müssen darauf achten, daß Sie niemals oder möglichst selten einem plötzlichen Klimawechsel oder einer abrupten Änderung Ihrer Lebensgewohnheiten ausgesetzt sind. Bei Ihnen muß so ein Übergang möglichst langsam und schonend geschehen. Ihr Körper braucht Zeit, um sich umzustellen.

Wenn es darauf ankommt, können Sie überdurchschnittliche Körperkräfte aktivieren. Das gibt Ihnen eine erstaunliche Konstitution, viel Widerstandskraft und Ausdauer. Sie können – wenn es darauf ankommt – ein ungewöhnliches Arbeitspensum und Leistungsprogramm bewältigen. Überschätzen Sie sich aber dabei nicht. Sie dürfen beispielsweise eine vorhandene Krankheit oder organische Schwäche dabei nicht einfach ignorieren. Das können Sie nicht ungeschehen machen. Und Sie müssen auch eine jahreszeitlich bedingte Infektionsgefahr mit einkalkulieren. Sonst kann es eines Tages bei Ihnen zu einem katastrophalen gesundheitlichen Zusammenbruch kommen. Und dann dauert es sehr lange, bis Sie wieder fit sind. Besonders gefährdet ist bei Ihnen der Rachenraum. Jede Infektion macht sich fast immer dort als erstes bemerkbar und beginnt auch von dort auf den übrigen Organismus auszustrahlen. Darum ein guter und für Sie sehr notwendiger Tip: Spülen Sie mehrmals am Tag Ihren Mund mit entsprechenden Munddesinfektionsmitteln, um etwaige Bakterien erst gar nicht an sich heranzulassen. Vor allem sollten Sie das tun, wenn Sie unter viele Menschen gehen oder wenn Sie nach Hause kommen. Sehr anfällig sind Sie als Stier-Geborener der zweiten Dekade für Krankheiten an Hals und Schultern. Meiden Sie vor allem an diesen Körperstellen Zugluft und Schweißnässe. Und gehen Sie an kalten sowie an feuchten Tagen immer nur mit einem dicken Schal um den Hals aus dem Haus. Oder tragen Sie Kleidung mit Rollkragen oder zumindest hochgeschlossen. Das macht sich bei Ihnen gesundheitlich bezahlt.

Sie neigen auch zu Ohrenschmerzen, Mumps und Mandelentzündung sowie zu Kropfbildung. Dagegen hilft der Genuß von frischer Kresse im Salat oder auf anderen Speisen. Es führt dem Körper die nötigen Abwehrstoffe zu. Mitunter treten beim Stier-Geborenen der zweiten Dekade auch Beschwerden in den Genitalien auf. Beim ersten Anzeichen: Sofort zum Arzt!

Sehr bekömmlich für den Stier-Geborenen sind Kräutertees. Sie sollten jeden Morgen eine Tasse davon trinken. Ganz besonders gut tun Ihnen der Pfefferminztee, der Malventee sowie der Heidekrauttee.

Äußerst wichtig für die Gesundheit des Stiers ist das regelmäßige Zufußgehen. Mit Wanderungen am Wochenende ist es aber nicht getan. Sie sollten einfach im Alltag öfter den Wagen in der Garage stehenlassen. Stier-Geborene, die Ihren Beinen überhaupt nichts zumuten, leiden später oft an schmerzhaften und häßlichen Krampfadern.

Bekämpfen Sie die Angst vor Krankheiten, und hüten Sie sich vor Hypochondrie. So wie Sie Ihre Kräfte überschätzen, überschätzen Sie oft auch kleine Beschwerden. Eine leichte Erkältung löst bei Ihnen unter Umständen Todesahnungen aus, und eine harmlose Operation veranlaßt Sie zu einem Testament.

Wenn Sie krank sind, bombardieren Sie Ihren Arzt unentwegt mit Fragen. Sie wollen alles genau wissen, mißtrauen fachlichen Ausdrücken, wälzen medizinische Bücher und tragen damit unter Umständen dazu bei, daß sich Ihr Gesundheitszustand nur noch weiter verschlechtert. Halten Sie sich an die Anweisungen des Mediziners, und hören Sie nicht auf die Laienratschläge von Freunden und Bekannten. Das könnte gefährlich werden.

Wenn Sie als Stier-Geborener der zweiten Dekade gesund bleiben wollen, dann halten Sie sich an eine Grundregel: Essen Sie niemals zuviel. Meiden Sie neben der übermäßigen Nahrungsaufnahme, der Sie allzuleicht verfallen, fette und kalorienreiche Speisen. Durch Übergewicht sind beim Stier-Geborenen allzuleicht das Herz, der Kreislauf und die Wirbelsäule befallen. Also: Hände weg von den riesigen Portionen! Und nicht immer nur deftige Hausmannskost. Wenn Sie zuviel Fleisch verzehren, neigen Sie zu Gicht. Bauen Sie mehr Rohkost und Vollkornprodukte in Ihren Speiseplan ein.

Tips für Freizeit und Urlaub

Sie müssen Ihren Urlaub in Ruhe und Gelassenheit planen. Sonst treffen Sie falsche Entscheidungen. Bei Ihnen muß alles bis ins kleinste Detail vorbereitet sein. Unliebsame Überraschungen können Ihnen die Ferien komplett verderben. Sie brauchen unbedingt den engen Bezug zur Natur, wenn Sie sich erholen wollen. Nur dann können Sie abschalten. Daher lieben gerade Sie in der klassischen zweiten Dekade vorwiegend den Urlaub auf dem Land. Und wenn Sie das noch nicht ausprobiert haben, dann sollten Sie es einmal versuchen. Es wird Ihnen sehr guttun. Unter Kühen und Schafen finden Sie die nötige Entspannung. Auch auf einer Farm oder in einem Wildreservat. Unbedingt muß auch das Erlebnis von Wasser dabei sein. Stier-Geborene der zweiten Dekade sollten zur Erholung ihre Freizeit am Ufer von Seen und Flüssen, am Meer oder an einem Bach genießen. Allein der Geruch von Wasser stimuliert den Stier-Menschen. Wenn Sie keine Möglichkeit haben, der Stadt zu entfliehen, dann nützen Sie die Parks. Laufen Sie zeitweise im Gras barfuß. Das macht Sie glücklich. Viele Stiere finden die richtige Erholung beim Angeln.

Sie verstehen es, im Urlaub wirklich auszuspannen. Arbeiten Sie nicht dagegen: Gehen Sie bewußt jedem Streß aus dem Weg. Genießen Sie Ihr Dasein in einfacher Kleidung, etwa als Hobbylandwirt.

Wenn Sie wegfahren, dann bevorzugen Sie einen preiswerten Urlaub. Hohe Preise verderben dem Stier das Feriengefühl. Vorsicht vor Ferienflirts und zu sportlichen Anstrengungen. Ziehen Sie kulturelle Genüsse vor.

Wenn Sie ein Kind haben

Als Stier-Geborener der zweiten Dekade neigen Sie dazu, von Anfang an Ihr Kind anzubeten. Machen Sie es nicht ausschließlich zum Mittelpunkt der Familie. Aufgrund Ihrer Gutmütigkeit laufen Sie Gefahr, von Ihrem Sprößling reichlich ausgenützt zu werden. Erfüllen Sie nicht spontan jeden Wunsch. Bedienen Sie sich auch mal der traditionellen Erziehungsmethoden. Die beste Erziehungsbasis ist bei Ihnen die Liebe. Zeigen Sie Verständnis für den Unabhängigkeitsdrang Ihres Kindes. Dann werden Sie alle miteinander glücklich sein. Geben Sie dem heranwachsenden Erdenbürger nicht unentwegt nach. Sie tun ihm damit nichts Gutes.

Wenn du ein Stier-Kind bist

Wenn du noch ein Kind bist, das im Zeichen des Stiers in der zweiten Dekade geboren ist, dann bist du mitunter recht dickköpfig. Mit allzugroßer Strenge erreicht man bei dir in dieser Situation gar nichts. Sehr traurig wirst du, wenn man dich ungerecht einer Sache beschuldigt. Du verkraftest Kränkungen überhaupt sehr schwer und bist mit praktischen und logischen Argumenten zu überzeugen. Du wirst niemals andere Menschen belügen und gewinnst dadurch viele Freunde. Du mußt frühzeitig lernen, mit Geld umzugehen. Es macht dir Freude. Anfängliche Probleme in der Schule sind bedeutungslos. Du brauchst länger, bis du in Schwung kommst und begreifst. Zuviel Kritik nimmt dir die Freude an einer Arbeit. Du brauchst Lob, Liebe und Zärtlichkeit.

Die Geburtstagsfeier

Viele Anregungen und ein köstliches Geburtstagsmenü

Feiern Sie an Ihrem Geburtstag doch einmal wieder richtig. Zum einen macht es Spaß, einmal im Jahr die Hauptperson zu sein, zum anderen können Sie sich Freunde einladen, die Sie gerne um sich haben.

Ihre Einladung kann ganz unterschiedlich ausfallen, je nach dem Rahmen, den Sie für Ihr Fest wünschen. Wenn Sie sich für eine Einladungskarte entschließen, so sollte darauf zu lesen sein: Der Anlaß der Feier (z. B. Geburtstagspicknick, -gartenfest, -grillparty etc.), das Datum, die Uhrzeit, zu der Sie beginnen möchten, Ihre genaue Adresse oder die Anschrift, wo gefeiert wird, Ihre Telefonnummer sowie die Bitte um Nachricht, ob der oder die Eingeladene kommen wird.

Am besten legen Sie Ihr Fest auf das Wochenende oder vor einen Feiertag. Dann kann jeder am folgenden Tag ausschlafen.

Zum organisatorischen Ablauf: Anhand der Anzahl der geladenen Gäste prüfen Sie, ob Sie genügend Gläser, Bestecke, Sitzgelegenheiten und Getränke haben. Sorgen Sie auch für die passende Musik. Lassen Sie sich bei den Vorbereitungen von hilfsbereiten Freunden helfen.

Als Anregung für Ihre Geburtstagsfeier hier einige nicht ganz gewöhnliche Vorschläge:

Der Kaffee-Klatsch

Sie veranstalten einen richtigen altmodischen Kaffee-Klatsch am Nachmittag, laden alle Ihre lieben Freundinnen ein und bitten jede, einen eigenen Kuchen oder Plätzchen zur Bereicherung der Kaffeetafel mitzubringen. Dazu lassen Sie sich eine wunderschöne Tischdekoration einfallen, bieten vielleicht Irish Coffee und Russische Schokolade (mit Schuß!) an, und ganz bestimmt gehen Ihnen die Gesprächsthemen nicht aus.

Die Bottle-Party

Oder – der Gerechtigkeit halber – eine männliche Variante: Sie trommeln Ihre besten Freunde und Kumpel zusammen und geben eine ebenso altmodische Bottle-Party, zu der jeder, der mag, ein Getränk beisteuert. Als »Unterlage« vielleicht etwas Käsegebäck oder deftige Schmalzbrote. Das wird sicher eine Geburtstagsfeier, an die jeder gerne zurückdenken wird.

Die Cocktail-Party

Sie veranstalten eine Cocktail-Party mit möglichst vielen Freunden und lassen die wilden Jahre (die bei den meisten im Alter zwischen 20 und 30 Jahren stattfinden – bei manchen enden sie nie...) wieder auf- und hochleben. Dazu sollte die Musik sorgfältig ausgewählt werden. Vielleicht sogar Charleston à la 20er Jahre vom Grammophon? Ein geübter Barmixer findet sich bestimmt unter Ihren Freunden. Da wahrscheinlich wild getanzt wird, brauchen wir viel Platz zum Tanzen. Eine feinsinnige Tischordnung entfällt.

Der Spezialitäten-Abend

Wir laden eine kleinere Runde zu einem fremdländischen Menü ein. Die Frage, ob Italienisch, Französisch, Chinesisch, Mexikanisch... lösen Sie ganz nach Ihrem Geschmack. Servieren Sie mehrere Gänge und die dazu passenden Getränke. Viele Kerzen und leise Musik machen das Ganze stimmungsvoll.

Die Picknick-Fete

In der wärmeren Jahreszeit machen eine »Picknick-Radel-Tour« oder auch ein »Geburtstags-Spaziergang« sicher allen Spaß. Diese Möglichkeit bietet sich insbesondere auch an, wenn Gäste ihre Kinder mitbringen wollen. An einem Fluß, auf einer Wiese oder in einem Park wird dann Rast gemacht und im Freien geschmaust.

Das herbstliche Pendant dazu wäre ein »Kartoffelfeuer-Picknick«. Die neuen Kartoffeln werden im Lagerfeuer gegart. Das macht Spaß und schmeckt ausgezeichnet. Im Winter können Sie die Möglichkeit eines »Schneespaziergangs« im Winterwald oder eine »Schlittenfahrt« in Erwägung ziehen, die dann bei einem Punsch zum Aufwärmen und einer rustikalen Brotzeit enden.

Das Grill-Fest

Beliebt und unkompliziert. Benötigt wird nur: Ein Fäßchen Bier, eine Riesensalatschüssel, Würstchen und verschiedene Fleischsorten zur Bewirtung der Gäste, ein offener Grill, um den sich die Hungrigen scharen. Dieses Fest ist rustikal und eignet sich vorzüglich für den Garten oder auch für ein Fluß- oder Seeufer.

Die Keller-Party

Für dieses Fest sollten Sie – dem Publikum entsprechend – eine gute Musik-Auswahl treffen und für eine nicht zu kleine Tanzfläche und Sitzgelegenheiten am Rande sorgen. Ein paar kleine Leckereien und die Getränke-Auswahl bauen Sie am besten im Vorraum, im Flur oder in der Küche auf. Keine teuren Gläser, keine komplizierten Menüs. Jeder bedient sich selbst. Diese Feste sind meist recht lustig und ungezwungen.

Der Kindergeburtstag

Ein Kindergeburtstag mit viel Kuchen und Schokolade ist immer ein Erfolg. Wenn dann anschließend noch Spiele gemacht werden, bei denen hübsche Kleinigkeiten zu gewinnen sind, dürfte die Begeisterung groß sein.

Der Brunch

Das ist eine Erfindung der Engländer, erfreut sich aber auch hier wachsender Beliebtheit. Gemeint ist ein Frühstück, was sich über den ganzen Tag erstrecken kann und aus süßen und salzigen Schlemmereien – warm und kalt –, mehreren Sorten Brot, Kaffee, Tee, Saft, Sekt besteht.

Noch einige Tips zum Schluß: Übernehmen Sie sich nicht bei der Dekoration. Sie ist am nächsten Tag nicht mehr brauchbar. Zwingen Sie niemanden, Dinge zu tun, die er wirklich nicht möchte. Dazu gehört auch das Tanzen. Aber stellen sie vielleicht Pinsel, Farben und Leinwand für spontane Aktionen zur Verfügung. So entstehen manchmal Kunstwerke, die allen Beteiligten Spaß machen.

Das Geburtstagsmenü zum 1. Mai

Zur Krönung des Geburtstages gehören ein gutes Essen und ein süffiger Tropfen. Vielleicht verwöhnen Sie sich an diesem Tag mit Ihrem Leibgericht oder speisen in Ihrem Lieblingslokal. Vielleicht lassen Sie sich aber auch einmal mit etwas Neuem überraschen und probieren dieses speziell für Ihren Tag zusammengestellte Menü. Gutes Gelingen und guten Appetit!

Zwiebelsuppe

8 mittelgroße Zwiebeln in feine Ringe schneiden (Gurkenhobel), 3 El Butter, 1¹/₂ l Fleischbrühe, 1 Glas herber Weißwein, Salz, frischer Pfeffer, 8 Scheiben Meterbrot, 4 El geriebenen Käse (alter Gouda)

Zwiebeln in zerlassener Butter in einer feuerfesten Form goldbraun rösten (ständig umrühren, damit die Zwiebeln nicht zu braun werden). Mit heißer oder kalter Fleischbrühe auffüllen. Weißwein dazugießen, salzen, pfeffern und 20 Minuten leicht kochen. Inzwischen die Weißbrotscheiben leicht toasten, auf die Suppe legen, mit Käse dick bestreuen und im heißen Backofen ca. 10 Minuten überbacken.

Schwedenplatte

1 Dose Räucherlachs, Zitronenscheiben, Zwiebelringe, 1 Dose Ölsardinen, Salatblätter, 1 El Oliven, Butterröllchen, 1 Dose Muscheln, Tomatenketchup, 1 Schuß Weißwein, 1 Dose Kronsardinen, Gurkenscheiben, Salz, Pfeffer, 1 Dose Thunfisch, Kapern

Lachs zusammenrollen, auf Zitronenscheiben legen und mit Zwiebelringen garnieren. Ölsardinen auf Salatblätter legen, mit

Oliven und Butterröllchen besetzen. Muscheln in einen Sud aus Tomatenketchup und Weißwein legen. Sardinen auf leicht gesalzenen und gepfefferten Gurkenscheiben anrichten. Thunfisch mit Kapern und Tomatenscheiben umgeben. Alles in Hors d'œuvre-Schalen anrichten.

Graupen-Eintopf

750 g geräucherte Rippchen, 200 g Perlgraupen, 250 g Kartoffeln, 1 kleine Sellerieknolle, 200 g Möhren, 2 Stangen Porree, 2 Zwiebeln, 30 g Butter, 1 Bund Petersilie feinhacken

Rippchen in 1¹/₂ l kaltes Wasser legen, zum Kochen bringen, Perlgraupen aufkochen und abseihen, zu den Rippchen geben und 30 Minuten kochen. Rippchen herausnehmen und Fleisch auslösen. Kartoffeln und Sellerie in Würfel schneiden. Möhren in Scheiben, Porree und Zwiebeln in Ringe schneiden. Kartoffeln, Sellerie und Möhren in die Suppe geben und kurz vor Ende der Garzeit den Porree und Fleisch hinzufügen. Zwiebeln in Butter goldbraun braten und mit Petersilie auf den Eintopf geben.

Karamel-Bananen

4 Bananen in 2 cm dicke Scheiben schneiden, 2 El Mehl, 2 Eiweiß verschlagen und 2 El Speisestärke unterrühren
Zum Ausbacken: 1 l Öl oder 750 g Fritierfett
Für die Karamelsauce: 100 g Zucker, 15 g Butter, 2 El Wasser, 2 El Sesamsamen

Bananenscheiben erst in Mehl, dann in Eiweißmasse wenden, im heißen Fett (175 Grad) 3 Minuten goldbraun backen, mit Schaumlöffel herausheben und abtropfen lassen. Zucker in der Butter bei mittlerer Hitze goldbraun werden lassen, Wasser und Sesamsamen einrühren und die Bananenstücke darin wenden. Karamel-Bananen in einer gebutterten Schale sofort servieren.

Glückwunschgeschichte
zum 1. Mai

Liebes Geburtstagskind,

eine der besten Eigenschaften der deutschen Menschen ist ihre Fähigkeit, sich überall und umgehend wohnlich einzurichten. Mit ein paar Handgriffen ist das hergestellt, was in aller Welt »deutsche Gemütlichkeit« genannt wird. Und das Schöne an diesen Menschen ist, daß sie es sich keineswegs egoistisch nur im eigenen Heim gemütlich machen, sondern ihre Mitmenschen an der stimmungsvollen Wohnlichkeit stets teilhaben lassen. Dieser Hang, auch aus der Natur eine moderne Wohnlandschaft zu machen, ist zwar das ganze Jahr über ausgeprägt, entfaltet sich aber am prachtvollsten zu Saisonbeginn, dann, wenn sich die harten Aprilstürme legen und die linden Mailüfte erwachen. Begleiten wir die Familie Zaglbrift auf ihrem Spaziergang an einem schönen Maisonntag:

Als erfahrene Spaziergänger treffen alle Familienmitglieder sorgfältige Startvorbereitungen. Frau Zaglbrift steckt drei Pakete Papiertaschentücher ein. Beim letztenmal reichten die zwei nicht, und sie hat noch die Schimpfkanonaden von Herrn Zaglbrift im Ohr, der vier Blätter aus seinem Notizblock opfern mußte, als es Nikki mit Urgewalt überkam. Sie vergißt auch die vier Orangen nicht, und weil die Sonne so schön scheint, nimmt sie noch drei harte Eier mit, für alle Fälle. Herr Zaglbrift überzeugt sich, daß er zwei Schachteln Zigaretten plus Streichhölzer mit sich führt und einige Blatt Papier Din A 4, für Nikkis Papierflugzeuge. Nikki selbst verstaut fachgerecht die Bonbons mit dem knalligen Papier am Körper, und Bettinia, die große, rechnet schnell nach, ob 17 Kaugummis für den etwa zwei Kilometer langen Waldweg reichen.

Auf dem Parkplatz am Waldrand kommt Herr Zaglbrift endlich dazu, mal seinen Auto-Aschenbecher zu entleeren. »Mann«, sagt er, »das war nötig«, und schaut wohlgefällig zu, wie Frau Zaglbrift und Bettina die Fußmatten ausstauben. Nikkis erster Papierflieger, rasch während der Fahrt hergestellt, landet auf einer zarten Birke und bildet einen interessanten Kontrast zur einfältigen Natur. Gemütlich gehen sie nun den Waldweg entlang, und trotz des angeregten Geplauders vergessen Bettina und Nikki nicht, den Weg mit Kaugummi, beziehungsweise Bonbonpapier zu markieren. »Wie Hänsel und Gretel«, schmunzelt Papa Zaglbrift, entpellt das gereichte, harte Ei und läßt die Schalen auf den schüchternen Huflattich am Wegrand fallen. Dabei bemerkt er ein kleines Häufchen Hundekot und hält der Familie einen flammenden Vortrag über die unerträgliche Umweltverschmutzung im allgemeinen und die spezielle durch solche unerzogenen Biester. Das regt in Nikkis Innerem offenbar etwas an, denn er erbittet sich höflich ein Paket Papiertaschentücher, verschwindet hinter einer netten Gruppe von kleinen Fichten, erscheint wieder und verkündet strahlend, er habe die Stelle mit einem Taschentuch an einer Fichtenspitze gekennzeichnet, damit keiner hineintritt. »Braver Junge«, sagt Herr Zaglbrift, »Sauberkeit und Ordnungsliebe, das ist etwas, was die Völker von uns lernen können.«

Mutter Zaglbrift und Bettina komplettieren den Sauerstoffstoß mit einem Vitaminstoß und schälen im Gehen ihre Orangen, wobei sie sorgfältig darauf achten, daß die Schalen alle zwei Schritte zu Boden fallen. »Auf einem Haufen zusammen verrotten sie nur langsam, und schließlich ist es ja unser Wald«, stellte Frau Zaglbrift weise fest. Entsprechend freundlich richtet die Familie auch den Platz um die beiden Ruhebänke her, auf denen sie sich nun zum Verschnaufen niederlassen. »Saubären«, sagt Herr Zaglbrift entrüstet, als er seine fünf Stummel in den Waldboden tritt und dabei so zwei, drei kleine Hasenkotkugeln entdeckt. Frau Zaglbrift ermahnt die Kinder, Eier- und Orangenschalen sowie Kaugummi- und Bonbonpapier systematisch zu verteilen.

Auf dem Rückweg gibt Nikki hier einer Erle mit einem Papierflieger ein netteres Aussehen, verarztet Bettina dort einen Baumriß mit einem Kaugummi, und verziert die schnupfende Mama hier und dort lieblos hingepflanzte Baumgruppen, verwaiste Sträucher und einsame Grasstücke mit diesen effektvollen Papiertüchern. Zufrieden schlendern sie zu ihrem Auto zurück und entrüsten sich böse über eine alte Frau, die am Rande ein paar Hundsveilchen abzupft. »Man muß doch Rücksicht nehmen auf die Natur!«, formuliert Herr Zaglbrift die Meinung seiner Familie, »Blumen abreißen, das tun wir nie!« Damit hat er völlig recht.

Alles Gute zum 1. Mai
Hansjürgen Jendral

Zitate und Lebensweisheiten

Wir tun immer etwas für die Nachwelt; gern würde
ich sehen, daß die Nachwelt einmal etwas für uns tut.

Joseph Addison

Es ist Torheit,
sich gegen das Altwerden schützen zu wollen,
indem man an den Gewwohnheiten der Jugend festhält.

Lebensweisheit

Es ist immer besser, daß ein Amt geringer ist
als die Fähigkeiten.

Georg Christoph Lichtenberg

Auf Billigung der Menschen muß man nicht rechnen.
Sie errichten heute Ehrensäulen
und brauchen morgen das Scherbengericht
für den nämlichen Mann und für die nämliche Tat.

Johann Gottfried Seume

Nichts gleicht so sehr
einem geschmackvoll gekleideten Narren
als ein gut eingebundenes schlechtes Buch.

Lebensweisheit

Alle halten die Gesellschaft für klüger
als ihre Seele und wissen nicht, daß eine Seele –
ihre Seele, weiser ist als alle Welt.

Ralph Waldo Emerson

Nichts ist in der Regel unsozialer als der sogenannte
Wohlfahrtsstaat, der die menschliche Verantwortung
und die individuelle Leistung absinken läßt.

Ludwig Erhard

Der Arme soll sparsam sein, der Reiche soll ausgeben.

Paul Ernst

Die Werbung schenkt uns neue Bedürfnisse
und nimmt uns Stück um Stück die eigene Sprache.

Iring Fetcher

Das Licht ist für alle Augen;
aber nicht alle Augen sind für das Licht.

Ernst von Feuchtersleben

Heil! Heil! Heil! Ironie des Schicksals,
daß gerade in diesem Lande
am wenigsten heil geblieben ist.

Werner Finck

Wer zuletzt lacht, lacht am besten.

Jean-Pierre Claris de Florian

Leichte Abendmahlzeit – lange Lebenszeit.

Aus Schottland

Im Kreis der Jugend muß man weilen,
der Jugend Lust und Freude teilen.
Wer das vermag, der wird bewahren
ein junges Herz bei grauen Haaren.

Wilhelm Jordan

Unsere Jugend sammelt nur Seufzer für das Alter.

Edward Young

Alt werden, das ist Gottes Gunst.
Jung bleiben, das ist Lebenskunst.

Sprichwort

Guets Gänsli – böse Gans.

Aus der Schweiz

Die Jungfrau ist ein ewiges, weibliches Kind.
Ein Mädchen, das nicht mehr wahrhaftes Kind ist,
ist nicht mehr Jungfrau.

Novalis

Wer als Junge ein Vogelnest zerstört,
der brennt im Alter Dörfer nieder.

Aus Schweden

Mädchen, wohl durchgesommert und warm gehalten,
sind wie Fliegen um Bartholomäi:
Blind, ob sie schon ihre Augen haben.
Und dann lassen sie sich handhaben,
da sie zuvor kaum das Ansehen ertrugen.

William Shakespeare

Es ist wichtiger,
daß jemand sich über eine Rosenblüte freut,
als daß er ihre Wurzel unter das Mikroskop bringt.

Oscar Wilde

Es gibt Diebe,
die nicht bestraft werden
und dem Menschen doch das Kostbarste stehlen:
Die Zeit.

Napoleon I.

Die Menschen der alten Zeit
sind auch die der neuen,
aber die Menschen von gestern
sind nicht die von heute.

Marie von Ebner-Eschenbach

Hat man vierundzwanzig Stunden früher
als die übrigen Menschen recht,
so gilt man vierundzwanzig Stunden lang für närrisch.

Antoine Rivarol

Der Heilige des Tages
Geschichte und Legende

Sigismund
König von Burgund und Märtyrer

Sigismund war der erstgeborene Sohn des arianischen Königs der Burgunder, Gundobald. Im Jahr 516 folgte er seinem Vater auf den Thron, nachdem er schon 497 von Bischof Avitus von Vienne zum katholischen Glauben bekehrt worden war. Sein Vater blieb der arianischen Überzeugung treu. Sigismunds Sohn Sigrich und dessen Schwester wurden auch katholisch.

Als Gundobald gestorben war, konnte Sigismund die Menschen bekehren, unter dem Einfluß von Bischof Avitus entwickelte er sich zu einem frommen und gütigen Herrscher. Er war ein Beschützer der Religion.

Sigismunds zweite Frau stiftete dann jedoch Unfrieden. Sie verleumdete ihren Stiefsohn Sigrich, behauptete, er wolle seinen Vater umbringen und das Reich an sich reißen. Deshalb ließ Sigismund seinen schlafenden, unschuldigen Sohn erwürgen, war aber schon bald von der Unschuld seines Sohnes überzeugt. Sigismund vertraute sich Avitus an, der ihm riet, angemessene Buße zu tun. Das tat er, indem er das Kloster St. Maurice im Wallis erneuerte und es reich beschenkte.

Im Jahr 523 fing der neue König der Franken, Chlodomir, einen Krieg mit den Burgundern an. Sigismund und sein Heer wurden vernichtend geschlagen. Er fiel mit seiner Gemahlin und seinen Kindern in die Hände der Sieger und wurde am 1. Mai 524 auf Veranlassung des rasenden Frankenkönigs mit seiner Familie in einem Brunnen ertränkt. Im Jahr 536 wurden die Gebeine von Sigismund in der Johanniskirche von St. Maurice beigesetzt. Seit 1365 befinden sie sich in einem silbernen Schrein, der von Kaiser Karl IV. gestiftet wurde. 676 kam die Hirnschale in das Kloster St. Sigismund im Elsaß, das heute St. Marx heißt. Seit 1813 befindet sie sich in Matzenheim, einer anderen elsässischen Gemeinde. Viele andere Reliquienteile sind in ganz Mitteleuropa verteilt, einige befinden sich im Veitsdom von Prag, andere in der Kathedrale von Plock, wieder andere in Einsiedeln und in Freising bei München. Die Erzdiözese München-Freising verehrt den Heiligen Sigismund als zweiten Patron.

Auf Abbildungen ist er im Königsornat mit seinen Insignien, einem Kirchenmodell, einem Schwert, der Märtyrerpalme und einem Brunnen zu sehen.

Persönlicher,
immerwährender Kalender

FÜR EWIG

Denn was der Mensch in seinen Erdeschranken
Von hohem Glück mit Götternamen nennt,
Die Harmonie der Treue, die kein Wanken,
Der Freundschaft, die nicht Zweifelsorge kennt;
Das Licht, das Weisen nur zu einsamen Gedanken,
Das Dichtern nur in schönen Bildern brennt,
Das hatt ich all in meinen besten Stunden
In ihr entdeckt und es für mich gefunden.

Johann Wolfgang von Goethe

Januar	Februar
1	1
2	2
3	3
4	4
5	5
6	6
7	7
8	8
9	9
10	10
11	11
12	12
13	13
14	14
15	15
16	16
17	17
18	18
19	19
20	20
21	21
22	22
23	23
24	24
25	25
26	26
27	27
28	28
29	29
30	
31	

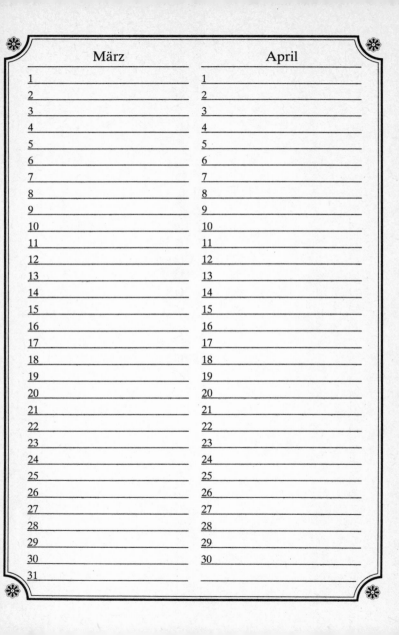

März	April
1	1
2	2
3	3
4	4
5	5
6	6
7	7
8	8
9	9
10	10
11	11
12	12
13	13
14	14
15	15
16	16
17	17
18	18
19	19
20	20
21	21
22	22
23	23
24	24
25	25
26	26
27	27
28	28
29	29
30	30
31	

Mai	Juni
1	1
2	2
3	3
4	4
5	5
6	6
7	7
8	8
9	9
10	10
11	11
12	12
13	13
14	14
15	15
16	16
17	17
18	18
19	19
20	20
21	21
22	22
23	23
24	24
25	25
26	26
27	27
28	28
29	29
30	30
31	

Juli	August
1	1
2	2
3	3
4	4
5	5
6	6
7	7
8	8
9	9
10	10
11	11
12	12
13	13
14	14
15	15
16	16
17	17
18	18
19	19
20	20
21	21
22	22
23	23
24	24
25	25
26	26
27	27
28	28
29	29
30	30
31	31

September	Oktober
1	1
2	2
3	3
4	4
5	5
6	6
7	7
8	8
9	9
10	10
11	11
12	12
13	13
14	14
15	15
16	16
17	17
18	18
19	19
20	20
21	21
22	22
23	23
24	24
25	25
26	26
27	27
28	28
29	29
30	30
	31

November	Dezember
1	1
2	2
3	3
4	4
5	5
6	6
7	7
8	8
9	9
10	10
11	11
12	12
13	13
14	14
15	15
16	16
17	17
18	18
19	19
20	20
21	21
22	22
23	23
24	24
25	25
26	26
27	27
28	28
29	29
30	30
	31

In der Reihe

Das persönliche Geburtstagsbuch

sind 366 individuelle Bücher erschienen.
Für jeden Tag des Jahres eins.

Jedes Buch enthält eine interessante und
vielseitige Mischung aus informativen Texten
und unterhaltsamen Beiträgen sowie
praktische Tips für den Geburtstag.

*Das ideale Geschenk für viele Gelegenheiten
für gute Freunde und für sich selbst.*

Überall erhältlich, wo es gute Bücher gibt.

Verlag
»Das persönliche Geburtstagsbuch«
8000 München 5